ANDREA RUBES ALBINATI

[R]-EVOLUZIONE AZIENDALE
"LA CRISI NON ESISTE"

**Il Metodo Veloce e i Tool Pratici
Per Guidare Il Cambiamento Aziendale A
Livello Strategico, Organizzativo e Mentale
Nell'Era Della Trasformazione Digitale**

Titolo

"[R]-EVOLUZIONE AZIENDALE – LA CRISI NON ESISTE"

Autore

Andrea Rubes Albinati

Editore

Bruno Editore

Sito internet

http://www.brunoeditore.it

Sommario

Testimonianze

Andrei Andreev, Imprenditore libero finanziariamente.
"Andrea ha iniziato a collaborare nelle mie aziende già prima di laurearsi. A poco più di vent'anni, ha gestito un progetto di startup diventato in seguito leader di mercato in Italia; ha poi gestito le attività di Import-Export, formazione, consulenza e business development per PMI italiane ed estere. Si è sempre distinto per il suo entusiasmo, impegno, e genialità nel creare nuove soluzioni innovative".

Marco Postiglione, Imprenditore nel settore della formazione e consulenza per il settore dell'estetica professionale, leader di mercato in Italia (Vendere in Estetica, Biutop).
"I business che rivoluzionano interi settori nascono da incontri di persone in grado di pensare, sognare e agire in grande. Più di quindici anni fa incontrai Andrea Rubes Albinati e Andrei Andreev e insieme facemmo i test di mercato per i servizi che hanno rivoluzionato il settore dell'estetica professionale in Italia.

Andrea è stato fondamentale nelle fasi di startup definendo e realizzando il business plan e la strategia commerciale. Coordinò lui la prima iniziativa di Direct marketing che diede di fatto il via al progetto che ha preso poi l'attuale forma e dimensione".

Alberto Mosca, Dottore Commercialista. Ex atleta professionista. 2 volte campione del mondo a squadre Junior di corsa in montagna. Argento Junior coppa del mondo di corsa in montagna. Più volte atleta nazionale giovanile.

"Andrea ha sempre avuto un entusiasmo contagioso e una grande passione in tutto ciò che fa. Il suo "sport" preferito è superare i propri limiti ed aiutare gli altri a superarli".

Frédéric Barroyer, Amministratore Delegato di Société Générale Securities Services Spa, azienda specializzata nei servizi finanziari per investitori istituzionali.

"Andrea ha guidato con grande efficacia ed entusiasmo le campagne e i progetti di innovazione all'interno dell'azienda, favorendo un cambio di paradigma nel personale."

Imad El Kanj, Fondatore di "Italy's Got Style", leader di mercato in Medio Oriente nella vendita on line di prodotti Made in Italy di gamma medio-alta.

"Il contributo di Andrea è stato molto utile nelle prime fasi di definizione del "business model" di Italy'Got Style e nella guida del primo team di progetto."

Jeanne Duvoux, Managing Director, Société Générale Bank & Trust (Lussemburgo) è stata l'unica donna Amministratore Delegato di una Banca Italiana.

"Gestire il cambiamento organizzativo in banche internazionali è molto difficile, per la grande complessità di processi, software, competenze e mentalità. Andrea ha dimostrato eccellenti capacità di gestione del cambiamento, guidando con successo progetti ad alto impatto tra cui: internalizzazione ed esternalizzazione di attività, negoziazione di contratti multimilionari, miglioramento dei processi, avviamento di nuove attività, cambiamenti di software applicativi (tra cui SAP)".

Raimondo Ildebrando Bruschi, Imprenditore con attività decennali nel mercato tecnologico (informatica e internet) ed

7

attualmente dell'ecosistema delle startup e del re-sviluppo delle imprese, con la cura di tutti gli aspetti dell'innovazione, vedi http://whois.bruschi.com.

"Ho conosciuto Andrea in uno dei tanti momenti d'eventi e incontri, evidenziando la sua personale curiosità nel capire l'evoluzione del mondo del business. Sintesi del bagaglio d'esperienze e competenze che ben lo colloca all'interno di strutture anche complesse e articolate. Agisce con coerenza all'attività quotidiana da svolgere con l'attenzione dovuta all'innovazione d'approccio e processo, garanzia per l'azienda in ciò che trasmette per entusiasmo e tenacia. Il miglior valore aggiunto che si possa sperare in un collaboratore e professionista del settore FinTech".

Giuseppe Maffei, Manager ed Imprenditore specializzato in new business development, apertura di nuovi mercati internazionali, lancio di nuove linee di prodotto, marketing strategico e digitale. Ex atleta olimpionico nell'atletica leggera (3000 siepi), più volte Campione Italiano, 3 volte medaglia di Bronzo in Coppa Europa, Vincitore di un Campionato Mondiale Universitario.

"Andrea ha dimostrato da sempre di sapere eccellere in contesti molto diversi: nello sport, nella formazione, nel supporto alla strategia delle PMI, nel lancio di nuovi business, nella gestione del cambiamento in grandi aziende".

Introduzione

La maggioranza delle aziende italiane è a rischio di fallimento. Il cambiamento sta mettendo in discussione il modo di fare business in ogni settore. Travolge aziende di successo decennale. Favorisce la crescita esponenziale di altre, talvolta partite da zero. Il cambiamento sta per travolgere l'azienda? O l'azienda sta cavalcando il cambiamento?

Rispetto a "prima", senti di fare più fatica, di avere meno soldi e meno tempo libero? Negli ultimi anni, in Italia, la situazione sembra essere peggiorata per quasi tutti: imprenditori, dirigenti, manager, impiegati, collaboratori, professionisti e giovani, che lavorano strenuamente, con grandissimo impegno, dedizione, passione e professionalità per il successo delle aziende italiane.

La "crisi" e le dinamiche di cambiamento sempre più veloci hanno significato, per quasi tutti, maggiore competizione, diminuzione dei fatturati, aumento dei costi, minori margini, minore utile, minore stipendio e anche, purtroppo, maggiore disoccupazione.

Questo ha portato quasi tutti a lavorare sempre di più per risultati sempre inferiori, per sempre meno soldi e avendo sempre meno tempo e disponibilità per sé, per la propria famiglia e per il proprio benessere personale. Deve per forza essere così, o ci sono delle alternative?

Sai che la "crisi" in realtà "non esiste"?

Non voglio essere frainteso. Non è possibile negare l'evidenza dei fatti: l'Italia sta vivendo la peggiore situazione economica dalla Seconda guerra mondiale. Sono, come te e come tutti, consapevole della situazione in cui versano le aziende, le persone e le famiglie in Italia. Voglio però cercare di darti una prospettiva più ampia rispetto a quella alla quale sei abituato. Sei pronto a tenere la mente aperta e a prendere in considerazione un punto di vista diverso dal solito?

Lo sai che la crisi degli ultimi anni, come la stiamo conoscendo noi in Italia, non è mai esistita in molte delle nazioni sia sviluppate sia in via di sviluppo? Diciamoci la verità: *non* si può chiamare "crisi" una situazione che perdura da quasi dieci anni. Stiamo vivendo un cambiamento "strutturale". Un cambiamento delle "regole del gioco". Le regole del gioco sono cambiate, e continuano a cambiare ogni giorno.

I miei nonni e bisnonni erano proprietari terrieri. Vivevano di rendita da generazioni. Durante la Prima guerra mondiale, distribuivano il pane per tutto il paese, sfamandolo. Dopo la Seconda guerra mondiale, l'economia italiana da agricola è diventata industriale: un grande cambiamento che ha portato grandi vantaggi ad alcuni e grandi svantaggi ad altri.

Milioni di italiani passarono dalla povertà al benessere, e poi alla ricchezza, grazie al duro lavoro, allo spirito imprenditoriale e alle favorevoli condizioni economiche generali. Per altri, tra cui i miei nonni, i tesori di generazioni, il valore delle terre e delle rendite evaporarono come neve al sole in pochi anni. Non avendo la mentalità e le competenze per fare impresa, investire e trarre beneficio dal boom economico generalizzato, persero quasi tutto nel giro di qualche decennio. Mio nonno aprì un negozio di alimentari ma, per mantenere lo stile di vita a cui era abituato, vendeva per pochi spiccioli case e terreni che oggi varrebbero decine di milioni di euro. Viceversa, i garzoni di mio nonno, che partivano dal nulla, si aprirono le loro attività e, in pochi anni, diventarono proprietari di più di dieci appartamenti.

Mentre milioni di italiani passavano dalla povertà alla ricchezza, le famiglie dei miei nonni passavano dalla ricchezza alla povertà. Qual è stato il problema delle famiglie dei miei nonni? Non si sono adattate al cambiamento, non hanno fatto evolvere la mentalità, non hanno imparato le competenze necessarie per sopravvivere e prosperare in un nuovo contesto, non hanno cambiato strategia, hanno continuato a vivere così come erano abituate. E, nonostante il boom generalizzato, si sono impoverite.

Quello che hanno vissuto le famiglie dei miei nonni è esattamente quello che stanno vivendo l'economia, le aziende e le famiglie italiane in questo momento. Mentre buona parte del mondo sta passando dalla povertà alla ricchezza, l'economia, le aziende e le famiglie italiane stanno passando dalla ricchezza alla povertà.

Qual è il problema? È forse solo la "crisi"? Oppure dipende dal fatto che molte persone, aziende, imprenditori, manager e collaboratori non stanno adeguando mentalità, comportamenti, competenze, strategia e organizzazione al cambiamento pervasivo che stiamo vivendo? E che continuano a fare azienda e a vivere com'erano abituati tanti anni fa, senza vedere né sfruttare le enormi opportunità di crescita dei mercati? Sono domande spinose.

Imparare a gestire il cambiamento è diventata la capacità più importante per la sopravvivenza e il successo delle aziende, dei professionisti e delle famiglie.

L'Italia è da sempre uno dei mercati più difficili al mondo, dove i clienti sono più esigenti e meno disposti a pagare, le condizioni per fare business sono tra le peggiori e gli stipendi in assoluto i più bassi in relazione al potere di acquisto. Nulla di nuovo. È un dato di fatto certificato da anni.

Quando racconto ai miei amici non italiani quali sono gli stipendi medi italiani, il costo della vita, l'imposizione fiscale e il livello di (non) efficacia dei servizi (e molto altro che per noi è normale), semplicemente non ci credono. Pensano che li stia prendendo in giro.

Una delle classifiche più importanti sulla competitività imprenditoriale e aziendale del "sistema Paese" è il "Doing Business" della Banca Mondiale, basato su questionari e dati economici rilevati ogni anno. Misura quanto è facile o difficile fare business prendendo in considerazione il mercato, la legislazione, le infrastrutture, la facilità di avviare un'impresa e altri parametri. Nel momento in cui scrivo, l'Italia è al cinquantesimo posto su 190. Davanti a noi ci sono nazioni un tempo considerate non proprio facili, come Armenia, Kazakistan, Bulgaria, Bielorussia, Moldavia, Georgia, oltre a praticamente tutte le nazioni dell'Unione Europea.

Se guardiamo i veri dati economici italiani e li confrontiamo con quelli esteri, vediamo con chiarezza che l'Italia è entrata in una fase di stagnazione economica già dalla fine degli anni Novanta, molto prima della "crisi".

Se sei ancora in piedi nel mercato italiano, se non sei fallito, se non sei emigrato e addirittura hai ancora un po' di lavoro, solo per questo fatto (se non sei un raccomandato), ti meriti grandi complimenti: sei un highlander, una specie di supereroe, un equilibrista.

E quindi qual è il vero problema? *Il modo di lavorare che un tempo dava buoni risultati ora non funziona più.* La globalizzazione e la trasformazione digitale stanno sconvolgendo tutti i settori economici e, contemporaneamente, portando grandissime minacce e opportunità.

Come se ne esce? Il boom dei mercati esteri e le nuove tecnologie informatiche potrebbero mettere le ali al Made in Italy, alle PMI (Piccole e Medie Imprese) e all'economia italiana. Il mondo ha un'incredibile e crescente fame di Made in Italy, ma le aziende italiane hanno difficoltà a saziare questa fame. Se ci riuscissero, in Italia la "crisi" non esisterebbe, forse non sarebbe mai esistita.

Sono convinto che in questi anni le aziende italiane potrebbero vivere un nuovo rinascimento. Ora più che mai, il genio, l'arte e l'impegno possono essere ripagati. Ogni più piccola azienda e ogni singolo professionista può accedere, ormai per pochi euro, a opzioni, risorse e strumenti che prima erano riservati solo alle multinazionali. I mercati mondiali sono potenzialmente a portata di mano e di click.

Insomma, questo potrebbe essere il grande momento delle piccole aziende italiane. A condizione di adeguarsi al cambiamento. A condizione di fare evolvere *mentalità, strategia* e *organizzazione* per giocare con le nuove regole del mercato, agganciandosi allo sviluppo esponenziale dei nuovi mercati.

Quasi tutti i professionisti e le aziende sono in grande difficoltà a seguire i cambiamenti. Cambiamenti in apparenza lontani possono portare a rivoluzioni nella propria attività, a minacce mortali oppure a fantastiche opportunità.

Come si possono capire in anticipo gli effetti dei cambiamenti? Quasi tutte le aziende italiane incontrano molte difficoltà nel definire una strategia efficace. O, ancora peggio, non si pongono nemmeno le domande. Quali mercati servire? Su quali segmenti di clienti puntare? Quali prodotti e servizi offrire? Quali

17

opportunità inseguire? Una volta definita la strategia, le aziende hanno molta difficoltà a realizzarla. Quasi tutte le aziende italiane, da un punto di vista strategico, organizzativo e di mentalità, *non* sono progettate, concepite e strutturate per avere successo con le nuove regole del gioco. Quasi tutte le aziende italiane *non* si adattano costantemente al cambiamento e *non* si evolvono con sufficiente velocità.

Non si tratta di carenza, di capacità o di scarso impegno da parte di imprenditori, dirigenti e collaboratori italiani. Anzi, è proprio il loro grandissimo talento che, da un lato, ha permesso alle aziende di svilupparsi e sopravvivere ma, dall'altro, ne sta causando la graduale rovina. Il genio e l'impegno degli italiani hanno compensato per decenni le carenze nei metodi e nelle strategie per progettare, gestire e far evolvere le aziende.

Se il sistema azienda *non* è progettato bene e *non* lo si fa evolvere per stare al passo con il mercato, smette di funzionare. E di generare utili. Oltre un certo livello, il talento e l'impegno non sono più sufficienti per sopperire alla carenza di metodi e di strategie efficaci per far funzionare e portare al successo l'azienda. E tutti coloro che lavorano per l'azienda entrano in affanno.

La persona più motivata, capace, geniale, inserita in un sistema azienda mal progettato e che non si evolve, produrrà risultati mediocri anche se lavora tantissimo e bene. Il problema *non* si può risolvere lavorando più duramente e nemmeno aumentando la produttività individuale, la motivazione. È come se si volesse correre in Formula 1 con una monoposto degli anni Settanta che non può tenere il passo con la concorrenza. Il pilota può essere bravissimo ma, se non si riprogetta e non si fa evolvere la macchina, è impossibile vincere. Eppure...

Alcune aziende italiane, alcuni imprenditori, dirigenti, manager, impiegati e professionisti hanno saputo cavalcare l'onda del cambiamento e, in questi anni di "crisi", hanno aumentato il fatturato, la quota di mercato, l'utile, lo stipendio o addirittura il tempo libero. Alcuni professionisti riescono a capire in tempo le dinamiche di cambiamento e i loro possibili effetti sul proprio settore di attività. Nella confusione e nel marasma vedono minacce e opportunità. In altre parole, alcune aziende riescono a definire e a realizzare una strategia che comporta un vantaggio competitivo.

Vi sono aziende che dai progetti di trasformazione strategica e organizzativa riescono a ottenere benefici superiori alle aspettative. Come fanno? Stanno facendo evolvere mentalità, strategia e organizzazione meglio delle altre. Adottando nuovi metodi e strategie, è possibile fare molto di più con molto di meno.

Qual è la differenza che può fare la differenza?

Sono Andrea Rubes Albinati. Da più di 15 anni guido progetti aziendali di sviluppo strategico e cambiamento organizzativo ad alto impatto per PMI italiane ed estere, startup innovative, banche, multinazionali e associazioni di volontariato internazionali. Utilizzando gli strumenti contenuti in questo libro, ho contribuito in maniera significativa a risultati misurabili in decine di milioni di utile aggiuntivo, tramite riduzione di costi, aumenti di fatturato e lancio di nuovi business diventati poi multimilionari.

Sono formatore certificato a livello internazionale per le metodologie di miglioramento delle performance aziendali e per la gestione di progetti ad alto impatto, oltre che per i temi "classici" di sviluppo personale e manageriale. Ho aiutato diverse centinaia di manager, imprenditori e giovani leader, in tutta Europa, a ottenere risultati migliori.

Sono anche stato un atleta di buon livello. Ho viaggiato, vissuto e lavorato un po' in tutta Europa e in Nord America. Ho studiato presso le migliori università italiane e canadesi, conseguendo una laurea in Economia Aziendale con indirizzo in Organizzazione del Lavoro, Sistemi Informativi e Marketing Internazionale, e un Master post-experience in Strategia aziendale e Consulenza direzionale.

Ma la scuola più importante è stata quella delle persone eccellenti provenienti da tutto il mondo, con le quali ho avuto l'onore di collaborare per raggiungere risultati molto sfidanti nel business, nello sport agonistico e nel volontariato: professionisti, campioni, imprenditori, formatori, manager.

In questo libro si concentra non soltanto la mia esperienza professionale, ma quella di tutti questi professionisti eccezionali, ai quali sono grato.

Sono appassionato di sviluppo ed evoluzione personale da quando avevo quindici anni. Per una semplice ragione: da ragazzino avevo dei sogni. Questi sogni erano "impossibili" se considerati dal punto di partenza nel quale mi trovavo fisicamente, mentalmente, emotivamente ed economicamente. Ero messo proprio male. I binari "naturali" della mia vita mi avrebbero condotto a strade non piacevoli. Forse in questo momento non sarei nemmeno vivo, in buona salute, con un lavoro e delle relazioni decenti.

Grazie a un enorme impegno nella mia evoluzione personale, ho cambiato (più e più volte) i binari della mia vita. Quelli che erano i miei sogni "impossibili" sono diventati le mie esperienze di vita quotidiane. Evolvere, anche in maniera radicale, si può. Se l'ho fatto io, lo può fare chiunque.

Sono molto grato per le opportunità di crescita che la vita mi ha

ANDREA RUBES ALBINATI – [R]EVOLUZIONE AZIENDALE

offerto e mi offre ogni giorno. La gratitudine per quello che la vita mi ha dato (pur con grandissimo impegno da parte mia) mi ha spinto per anni a dedicare gran parte del mio tempo libero, come volontario, ad aiutare gli altri, in particolare i giovani, a trovare la loro strada, ad affrontare il cambiamento, a evolversi.

Sono fermamente convinto che ciascun essere umano nasca e viva in questo meraviglioso pianeta chiamato Terra con una o più "missioni" e scopi da compiere, per sé e per gli altri. Ho scoperto (o meglio, ho riscoperto) che la mia "missione" principale è quella di aiutare le persone e le aziende a evolversi.

In realtà è quello che ho sempre fatto. «I puntini iniziano a unirsi», direbbe Steve Jobs. Servire, sempre. Nel senso di "essere utile a". Con la testa e con il cuore. Servire le persone e le aziende fornendo gli strumenti e i metodi che possano fare la differenza.

Ho deciso di sviluppare il metodo **[R]-Evoluzione Aziendale™** scrivendo questo libro per rendere disponibili al grande pubblico italiano alcuni metodi e strumenti semplici, veloci, snelli, completi e immediatamente utilizzabili per guidare lo sviluppo strategico e il cambiamento aziendale. Strumenti per progettare il sistema azienda e per farlo evolvere e adeguarsi al nuovo contesto di mercato.

Perché? Perché mi sono accorto che questi strumenti in Italia *non* sono ancora disponibili per grande pubblico, per lo meno non in un unico metodo integrato. La quasi totalità degli altri approcci prende in considerazione solo uno degli aspetti importanti da far evolvere contemporaneamente per rimanere competitivi sul mercato (mentalità, strategia e organizzazione).

Il contenuto del libro e degli strumenti correlati (guide, modelli di documenti, video, videocorsi e corsi) sono complementari agli strumenti e alle metodologie già presenti sul mercato italiano. Nel metodo [R]-Evoluzione Aziendale™, ho raccolto, adattato e semplificato, per l'attuale realtà italiana, gli strumenti migliori facilmente applicabili da tutti coloro che contribuiscono al successo delle aziende italiane.

I contenuti del libro [R]-Evoluzione Aziendale™ e gli strumenti pratici a esso correlati ti permetteranno di affrontare meglio il cambiamento da un punto di vista mentale, strategico e organizzativo. Ti supporteranno fin da subito nel porre in essere interventi concreti.

I destinatari sono tutti coloro che vogliono migliorare i risultati delle aziende al cui sviluppo contribuiscono a diverso titolo: imprenditori, manager, collaboratori, consulenti, professionisti, giovani. Oggi, ciascun collaboratore è tenuto a capire il mercato, le esigenze dei clienti, i cambiamenti, a fare proposte sensate, a contribuire al miglioramento continuo e ai progetti di trasformazione. Sia per il bene dell'azienda, sia – forse ancora di più – per il proprio. Il vero valore delle persone, a tutti i livelli, sta nel progettare e far evolvere l'azienda, non nell'eseguire compiti più o meno ripetitivi.

I contenuti e gli strumenti correlati sono progettati per essere utili e applicabili a tutte le tipologie di azienda: dalle microimprese sotto i 10 dipendenti, alle PMI, alle grandi aziende e, addirittura, a banche e intermediari finanziari. Ciascuna di queste categorie ha un bisogno disperato di evolvere rapidamente.

Il metodo [R]-Evoluzione Aziendale™ si compone di tre metodi complementari e sinergici:

1. [R]-Evoluzione Mentale e Personale.
2. [R]-Evoluzione Strategica.
3. [R]-Evoluzione Organizzativa.

Il metodo **[R]-Evoluzione Mentale e Personale** ti darà alcuni importanti spunti per affrontare il cambiamento e far evolvere la mentalità personale e aziendale in dieci passi.

Il metodo **[R]-Evoluzione Strategica** ti guiderà (nel capitolo 5, "Come sviluppare le migliori opportunità") a re-impostare la direzione dell'azienda in termini di: mercati e segmenti di clienti, prodotti/servizi offerti, posizionamento, Value Proposition e Business Model.

Il punto di partenza per ragionare "strategicamente" è l'Analisi di Mercato Visuale™ che, nel capitolo 2, ti farà da guida in modo sistematico nel capire i trend di cambiamento del tuo settore di attività e nell'individuare opportunità e minacce.

Il **metodo [R]-Evoluzione Organizzativa** ti aiuterà a migliorare l'efficienza dell'azienda e della strategia. Nel capitolo 6, "Come progettare un'azienda efficiente", ti fornirò le linee guida per lavorare sui cinque elementi dell'organizzazione, che sono:

1. i sei ruoli aziendali chiave;
2. i quattro processi aziendali chiave;
3. l'organigramma e la struttura organizzativa aziendale;
4. i software gestionali;
5. le procedure aziendali.

Oltre il 70% dei progetti di trasformazione aziendale fallisce o non raggiunge i risultati sperati nei tempi e budget previsti. Nel capitolo 7, "Come realizzare i progetti di evoluzione", potrai apprendere i segreti per evitare gli errori tipici, aumentando drasticamente le probabilità di successo di ogni progetto di trasformazione aziendale.

Gestire il cambiamento significa accompagnare le persone coinvolte ad adottare le nuove abitudini richieste. Nel capitolo 8 "Come superare le resistenze al cambiamento", vedremo i tre principi e i sei passi per gestire il cambiamento aziendale.

Per sopravvivere e crescere, le aziende devono far evolvere mentalità, strategia e organizzazione al tempo stesso. È necessario utilizzare metodi facili, veloci, snelli e utilizzabili da tutti.

Ma adesso mi voglio complimentare con te! E voglio ringraziarti. Se sei arrivato fino a questo punto a leggere, significa che *non* sei una persona comune. Sei una persona eccezionale, nel senso letterale del termine, ovvero che "fai eccezione". Di sicuro fai parte di quel 3% di persone che non si limita a guardare le cose accadere e a lamentarsi.

Fai parte di quel 3% che fa accadere le cose nonostante le difficoltà, nonostante le facciate. Credi ancora nei sogni e negli obiettivi, anche se spesso è difficile anche solo rimanervi aggrappato, anche solo ritenerli possibili. Hai una mente aperta, anche se a volte puoi essere confuso e frastornato. Credi ancora che sia possibile migliorare la situazione, anche se non è facile e, a volte, non sai nemmeno da che parte incominciare. Vedi tante opportunità attorno, ma a volte non sai come utilizzarle.

Credi nell'entusiasmo di fare le cose giuste, belle, che funzionino e che diano valore. Ma attorno a te a volte non ti capiscono. Credi nell'eccellenza. Ma attorno a te la mediocrità a volte sembra soffocarti.

Non sei solo. Ci sono passato e ci sto passando anche io. Ci sono passati e ci stanno passando tutti quelli che si impegnano davvero per migliorare le cose. Non mollare, non adesso. Ancora un passo...

Questo libro vuole essere il mio contributo alla tua vita e al business in cui sei coinvolto: fornire strumenti utili per migliorare in maniera concreta i risultati aziendali, al fine ultimo di migliorare la tua vita, quella di tutti coloro che collaborano all'azienda e quella delle loro famiglie.

Questo è un manuale pratico, ricco di esercizi. Armati di carta e penna, di Power Point, Word ed Excel per applicare direttamente alla tua vita professionale quotidiana le indicazioni che troverai. Come in ogni cosa, non esistono bacchette magiche ma solo strumenti più o meno efficaci e aggiornati. I risultati che potrai ottenere dipenderanno da come utilizzerai gli strumenti forniti.

Negli strumenti correlati al libro, che puoi scaricare a parte, troverai i modelli di documento e le guide passo per passo per mettere in pratica, fin da subito, quanto indicato nel libro, nella tua massima autonomia.

Potrai inoltre scegliere di approfondire gli argomenti e gli strumenti con audio book, videocorsi e corsi dal vivo, per i quali troverai tutti gli aggiornamenti sul sito www.revoluzioneaziendale.com, sui siti correlati e sui miei profili Facebook e LinkedIn. Tramite i miei profili social, puoi anche farmi pervenire commenti, riflessioni, suggerimenti e feedback.

Ti ringrazio con tutto il cuore per avere dedicato alla lettura di questa introduzione le tue due risorse più preziose: la tua attenzione e il tuo tempo. Ti ringrazio in anticipo se vorrai scaricare il testo completo, gli strumenti correlati, seguire i video e i corsi. Ti ringrazio per essere la persona che sei e per il contributo che dai agli altri e a questo mondo. Buona lettura!

Andrea Rubes Albinati

Capitolo 1:
[R]-Evoluzione Mentale e Personale
Come affrontare il cambiamento

Quali sono le vere cause alla radice dei risultati aziendali? Come si può affrontare sistematicamente il cambiamento? È possibile fare evolvere la mentalità delle persone? Come?

1.1 Sai perché l'evoluzione è necessaria?

Tutto cambia molto rapidamente. Quante cose sono cambiate, stanno cambiando e cambieranno nella tua vita? Pensaci, prova a fare un elenco. Tutto: il modo di acquistare, di relazionarsi, di lavorare e, in generale, di vivere. Quante cose sono cambiate, stanno cambiando e cambieranno nel "fare azienda" e nel "fare business"? Pensaci, prova a fare un elenco. Tutto: le esigenze dei clienti, il modo di produrre, di vendere, di gestire i collaboratori, la "competizione", i margini... Il cambiamento è l'unica costante, ed è in continua accelerazione attorno a noi.

31

Spesso le persone e le aziende temono i cambiamenti che sentono di non riuscire a controllare e cercano di opporvi resistenza, consapevolmente o inconsapevolmente. Cambiare fa paura un po' a tutti. La "resistenza al cambiamento" non è di per sé un "male": è un naturale e funzionale istinto di conservazione. Il problema è che questo legittimo e sano "istinto di conservazione", se non è gestito in maniera adeguata, può diventare stagnazione, non-evoluzione. Molto spesso, a creare resistenza al cambiamento non è il sano istinto di sopravvivenza, ma l'istinto di sopravvivenza della mentalità non più adeguata alla situazione, che arriva a negare la realtà dei fatti e il cambiamento stesso. La parola "cambiamento" fa giustamente paura. Può essere usata per quanto avviene al di fuori della persona o dell'azienda, quando qualcosa accade all'esterno e ha impatti su quella persona o sull'azienda.

Credo che la parola giusta per indicare i cambiamenti che le persone e le aziende fanno per propria scelta sia "evoluzione". L'evoluzione avviene dall'interno della persona e dell'azienda e si irradia verso l'esterno. L'evoluzione personale o aziendale è la risposta funzionale per adeguarsi al cambiamento, al fine di raggiungere e mantenere nel tempo la realizzazione, il benessere e la prosperità condivisa. Le persone e le aziende non devono cambiare la propria vera identità per adeguarsi al cambiamento. Un cerchio non deve diventare un quadrato, un quadrato non deve diventare un cerchio. L'evoluzione è volta ad aggiungere forza, efficacia, velocità, spessore alla persona e all'azienda. Un quadrato si evolve in cubo, un cerchio si evolve in sfera. L'evoluzione consiste nel lasciar andare quello che non funziona più e sostituirlo con ciò che funziona meglio.

SEGRETO n. 1: le persone e le aziende non devono cambiare, devono evolversi; l'evoluzione consiste nel lasciare andare quello che non funziona più e sostituirlo con ciò che funziona meglio.

L'evoluzione è l'essenza stessa di ogni essere vivente, di ogni essere umano e di ogni impresa. La stagnazione, la ripetizione fine a sé stessa, la non-evoluzione prima o poi portano alla morte certa dell'essere vivente (dell'essere umano e dell'azienda).

Nella realtà il cambiamento di per sé non è né buono né cattivo, fa semplicemente parte della vita e del business. Certo, ci sono cambiamenti realmente o apparentemente più o meno favorevoli rispetto a una situazione personale od aziendale. Ma cosa fa la vera differenza nei risultati? La direzione del cambiamento esterno o la direzione dell'evoluzione? In altre parole, come ci si prepara e come si reagisce al cambiamento?

Di certo la direzione del cambiamento influisce molto, ma la vera differenza è insita in come si reagisce, in come ci si evolve per rispondere, per prepararsi e per anticipare il cambiamento. Nell'immediato potrebbe non essere evidente, ma nel lungo termine l'evoluzione e la risposta ai cambiamenti determina quasi il 100% dei risultati.

Il cambiamento è come il vento e le aziende sono come barche a vela. La barca e le persone che la governano non possono influire sul vento. Quello che possono fare è definire una meta di arrivo, una rotta e utilizzare il vento a proprio vantaggio per andare nella direzione voluta. Maggiore il vento, maggiore la spinta e la velocità.

Alcune aziende non si adeguano ai cambi di vento e si fermano, falliscono. Altre cercano costantemente di prendere il vento senza una direzione e una rotta precisa e rischiano di non andare da nessuna parte. Altre ancora cavalcano il vento del cambiamento per rimanere sulla cresta dell'onda, per andare nella direzione voluta indipendentemente dalla direzione del vento e migliorare in maniera esponenziale i propri risultati.

SEGRETO n. 2: la differenza nei risultati è data più dalla reazione al cambiamento, dall'evoluzione personale e aziendale che dalla direzione del cambiamento esterno.

1.2 I killer delle aziende italiane

Potrei fare i soliti esempi di come le aziende internazionali Blockbuster e Kodak non siano state in grado di rispondere adeguatamente al cambiamento, ma preferisco fare esempi più vicini alla realtà italiana.

Nei primi anni Duemila, in qualità di Import-export Manager, avevo modo di relazionarmi ogni giorno con imprenditori e manager italiani provenienti da ogni parte del mondo. Mi capitava spesso che un cliente, o potenziale tale, delle nazioni dell'ex

Unione Sovietica volesse comprare macchinari, mobili o altri prodotti professionali. Con in mano delle specifiche molto generiche, iniziavamo a cercare letteralmente in giro per il mondo potenziali produttori e fornitori.

La comparazione tra le aziende italiane ed estere era sempre sconcertante. Le aziende europee e americane in media rispondevano nel giro di 1-2 giorni con una proposta commerciale standard in inglese. Le aziende turche, indiane e di altri paesi in via di sviluppo rispondevano in media in quattro ore, con una proposta commerciale di alto livello professionale, in italiano, inglese, russo e, talvolta, nella lingua specifica della nazione (per esempio in Ucraino o Uzbeco). Il 90% dei potenziali fornitori esteri contattati rispondeva o con una proposta commerciale o dicendo che non era in grado di soddisfare la richiesta. Spesso, anche quando non c'era la possibilità di una compravendita, ricevevamo comunque suggerimenti e indicazioni.

Il dramma tragicomico arrivava con le aziende italiane. Solo la metà rispondeva alla prima mail o telefonata di contatto. La prima richiesta, esplicita o meno, era: «Chi sei? Chi conosci?» E noi:

«Abbiamo un potenziale cliente...». Loro: «La faccio contattare dal commerciale». Cosa che di rado succedeva. Quando, dopo giorni, finalmente arriva la chiamata o la mail, la risposta in genere era: «Non abbiamo abbastanza informazioni per farle una proposta commerciale». Noi: «Ma come? Abbiamo sul tavolo le proposte da tutto il mondo!» Loro: «Non è professionale fare proposte con così poche informazioni».

A quel punto, però, era un po' tardi... Spesso nel frattempo avevamo già fatto fare le verifiche tecniche e gli adattamenti necessari all'ordine di acquisto, acquistato il macchinario dai fornitori non italiani, venduto e incassato dai clienti, pagato i fornitori e fatto partire da giorni il container verso la destinazione finale, a migliaia di chilometri di distanza... Alla faccia delle poche informazioni per formulare una proposta commerciale e della "grande velocità" di risposta delle aziende italiane. Quanti macchinari italiani abbiamo venduto? Zero. Tranne quando la superiorità tecnica era tale da sopperire alla tragica totale mancanza di "servizio al cliente".

Altro dramma tragicomico. A metà degli anni Duemila, sono state abolite le quote di importazione dei prodotti tessili finiti. La cosa era nota con anni di anticipo. Questo evento sarebbe stata una vera rivoluzione del settore perché il mercato sarebbe stato invaso dai prodotti low-cost asiatici. Chiacchierando con gli imprenditori e manager del settore, scoprii che quasi la metà non era al corrente della cosa. L'altra metà non stava facendo nulla. La loro opinione era: «I nostri prodotti sono migliori, i prodotti asiatici non ci faranno un baffo». Di quei distretti industriali, purtroppo, rimane poco, se non enormi capannoni vuoti e una pervasiva colonizzazione cinese.

Tutto questo prima della "crisi" del 2008. Ora, se le aziende europee medie hanno impiegato due anni a uscire dalla crisi e quelle italiane non ne sono ancora uscite... è colpa della "crisi"? Delle tasse? Del governo? Della burocrazia? Dell'euro? Un po' (tanto o poco) sì, senza dubbio. È innegabile. Ma non sarà che la responsabilità è anche della mentalità arretrata?

In realtà si tratta di un'ottima notizia! Perché la mentalità si può cambiare, se si vuole. È stata la crisi a causare le difficoltà aziendali o sono state le difficoltà aziendali a causare o aggravare la crisi?

Una singola azienda non può influire sul contesto in cui sceglie di operare, ma può scegliere di cambiare il contesto in cui opera. Abbiamo visto che l'Italia è uno dei mercati mondiali più difficili, ma questo non può diventare una scusa per gli scarsi risultati. Finché si è nel mercato italiano si deve giocare stando alle regole, purtroppo molto arretrate e provinciali, del mercato italiano. Se queste regole non piacciono, "basta" cambiare mercato e operare all'estero. Se non piacciono le regole del settore di attività in cui si opera, "basta" cambiare settore. Non dico che sia facile, dico solo che il più delle volte non se ne prende nemmeno in considerazione la potenzialità.

SEGRETO n. 3: non è solo la "crisi" ad aver messo in difficoltà le aziende, sono anche le difficoltà gestionali delle aziende ad aver aggravato la "crisi".

Chi ha costruito e commercializzato il primo personal computer in assoluto? L'azienda italiana Olivetti, dieci anni prima di Apple. Olivetti è stata per decenni uno dei più grandi produttori internazionali di macchine da scrivere, vendute in tutto il mondo. Un'azienda eccellente, con decenni di storia gloriosa, eroica, edificante. Con grande lungimiranza, Olivetti divenne un centro di eccellenza all'avanguardia mondiale in campo informatico. Negli anni Cinquanta, Olivetti mise in commercio alcuni dei computer mainframe più avanzati al mondo. L'azienda in quel momento era una multinazionale che ancora basava la maggioranza dei ricavi sulle macchine da scrivere e su altri strumenti elettromeccanici e che si preparava a dominare in grande stile il settore dell'informatica, grazie all'eccellenza tecnica e alla distribuzione presente in tutto il mondo.

Ma ai vertici dell'azienda qualcuno non aveva capito l'importanza dell'elettronica. Non aveva capito (non voleva accettare) che le macchine da scrivere si sarebbero estinte proprio grazie ai personal computer che la stessa Olivetti aveva inventato. Addirittura alcuni top manager dicevano: «Sul futuro di Olivetti pende una minaccia, un neo da estirpare: l'essersi inserita nel settore elettronico». La divisione informatica di Olivetti, all'avanguardia tecnologica mondiale, fu venduta nel 1964 agli americani che, peraltro, la affossarono senza ricavarci nulla.

In seguito, più di dieci anni dopo, Olivetti tornò a investire nel settore informatico e riuscì anche a diventare, per alcuni anni, uno dei più importanti produttori di personal computer in Europa. Ma ormai il grande vantaggio che aveva creato in precedenza era svanito. Olivetti, e l'Italia, avevano perso il treno per diventare uno dei protagonisti in campo informatico. Erano stati persi proprio i dieci anni in cui il settore elettronico e informatico si era evoluto per poi cambiare il mondo.

Da azienda innovatrice di eccellenza mondiale si trovò a essere un follower in continuo affanno. Nel frattempo, chiaramente, nessuno comprava più macchine da scrivere. L'azienda è andata via via morendo, pur con importanti guizzi di vitalità tra cui il lancio di Infostrada e di Omnitel.

Questa è la storia di molti settori economici italiani. Questa è la storia della "crisi" strutturale che l'Italia vive da oltre vent'anni. La crisi del 2008 non c'entra molto, ha messo solo in evidenza le debolezze già presenti. Si dice che quando la marea scende, si vede chi era senza costume.

Il killer delle aziende italiane di ogni dimensione e settore, e dell'economia in generale, è stato ed è un misto di virus mortali legati a una mentalità arretrata e provinciale: relazioni personali, giochi di potere, pigrizia mentale, politica, finanza fine a sé stessa, il "si è sempre fatto così", il "io, so già tutto io", il "conosco Tizio, Caio e mio *cuggino*", il "tanto c'ho il contratto a tempo indeterminato", il "tanto non cambia nulla lo stesso", il "piccolo è bello", il "il marketing è roba da americani, a noi non serve", il "business plan, che? A noi non serve", il "I spik inglisc e littol", la lontananza e la noncuranza nei confronti di ciò che avviene fuori dall'Italia... Il tutto condito da una grande dose di miopia e fissità mentale.

Questi virus sono "mentalità" individuale, collettiva e aziendale prima, molto prima di diventare strategia e organizzazione. Sono stati e sono il preludio di una catastrofe annunciata, evidente già decine di anni fa a chi non è completamente assorbito da questa mentalità. Tutto questo ha ucciso la naturale eccellenza tecnica ai vertici mondiali costruita con il genio, il sacrificio, il sudore e la passione di milioni di grandi professionisti e imprenditori italiani.

Negli anni del boom e della prosperità, fino agli anni Novanta, questa mentalità non era un ostacolo evidente. Non c'è da chiedersi come mai l'economia italiana versi in questo stato di "crisi", ma come abbia fatto finora a non essere spazzata via dalla competizione globale, vista la mentalità e le carenze di gestione aziendale.

Quindi, come se ne può uscire? Stai attento ai virus di mentalità citati, esercitati a notarli per iniziare a evitarli. Se attecchiscono in azienda e non vengono debellati, prima o poi la porteranno inevitabilmente alla morte. La buona notizia è che la mentalità si può fare evolvere e, dove la mentalità evolve, questi virus attecchiscono di meno. Non cercare di cambiare mentalità agli altri. Comincia da te stesso. Non dare la colpa all'esterno. Non colpevolizzare nessuno. Questa mentalità è stata utile, adeguata e positiva per secoli: è stata fondamentale per permettere agli italiani di sopravvivere a 1.500 anni di dominazione straniera. Ti sembra poco? Adesso però è semplicemente controproducente e la si deve fare evolvere. Tutto qui. Non è colpa di nessuno. Ma è responsabilità di tutti. Comincia da te stesso.

SEGRETO n. 4: il killer delle aziende italiane è l'insieme di

virus legati a una mentalità arretrata e provinciale; presta molta attenzione a questi virus e comincia da te stesso facendo evolvere la tua mentalità.

C'è speranza? Sì. E molte aziende italiane di eccellenza lo dimostrano.

1.3 Cavalca l'onda del cambiamento

Negli anni Ottanta, il fondatore di Technogym, Nerio Alessandri, realizzò, nel garage di casa, i primi prototipi di macchinari per fare esercizio fisico. Cavalcando l'onda della crescita del fitness, Technogym è riuscita a diventare una vera multinazionale leader sul mercato mondiale per i macchinari di alta gamma per palestre, case private, strutture riabilitative e turistiche, con un fatturato estero superiore al 90%. Il fondatore ha lasciato quasi subito la conduzione da impresa famigliare dotandosi di manager e, gradualmente, di governance da azienda internazionale. Da tempo ha un centro di ricerca nella Silicon Valley.

Da anni il business di Technogym non sono più le macchine per l'attività fisica in sé, ma il wellness a tutto tondo: soluzioni integrate di macchinari, software e consulenza che permettono alle persone di seguire programmi di fitness, riabilitazione, prevenzione. Nel momento in cui scrivo, l'azienda sta lavorando alla nuova generazione di servizi per la salute e il benessere, applicando l'"internet delle cose" e i "big data" per fornire strumenti di diagnosi dei fattori di rischio per la salute e per la prevenzione di malattie, in collaborazione con ospedali e centri di ricerca di tutto il mondo.

Per stessa ammissione del suo fondatore, Technogym non esisterebbe più se non si fosse rinnovata continuamente. Nonostante la posizione di vantaggio acquisita, se si fosse accontentata del "piccolo è bello", come la maggioranza delle aziende italiane, la concorrenza asiatica l'avrebbe già spazzata via. Technogym è diventata un'azienda leader grazie al fatto che ha costantemente investito e rischiato per innovare e crescere. In un'intervista a un giornale italiano, il fondatore di Technogym disse: «Quando una cosa funziona è già obsoleta. Restare fermi, per un'azienda, è il migliore modo per morire».

Ci sono molti esempi di aziende italiane che hanno saputo

innovare, rinnovarsi, evolvere, crescere. Pensa ad aziende leader nella loro nicchia, o che hanno addirittura creato una nuova nicchia nella quale sono il numero uno: Geox, Luxottica, Mapei, Permasteelisa giusto per citare alcuni nomi. Addirittura l'ex azienda di Stato, Autogrill, si può citare come esempio di leader nella sua nicchia.

Esercitati a trovare le eccellenze italiane. Studia che cosa le sta facendo emergere dalla concorrenza. Queste aziende, come tutte, non sono esenti da problemi, ma hanno saputo eccellere nonostante tutto. Come fanno le aziende eccellenti a evolversi e crescere? Hanno una mentalità adeguata ai tempi e investono costantemente parte dei ricavi provenienti dai "vecchi cavalli di battaglia" per costruire il nuovo.

SEGRETO n. 5: è necessario innovare ed evolversi: finanzia il nuovo con i vecchi cavalli di battaglia, finché sei in tempo; il "piccolo è bello" potrebbe essere una trappola.

Cosa determina i risultati aziendali? Ogni azienda è, in ogni suo aspetto, il frutto della mente umana. Alla vera radice dei risultati aziendali c'è la mentalità di tutti coloro che contribuiscono alle attività dell'impresa: investitori, imprenditori, manager, collaboratori, professionisti, clienti, partner, fornitori.

La mentalità comprende come la realtà viene percepita, come gli obiettivi e le azioni vengono prefigurate, come si reagisce alle situazioni, abitudini, credenze radicate, decisioni consapevoli e inconsapevoli. La mentalità comprende tutte le regole del gioco non scritte, date per scontate. La mentalità è come l'aria: non la vediamo ma è sempre presente e influisce in ogni pensiero e azione umana.

La mentalità può essere più o meno adeguata all'ambiente. Una mentalità vincente in un determinato ambiente può essere perdente se l'ambiente cambia. Il dramma di molte aziende italiane è che sono cresciute con il vento in poppa del boom economico, ove una certa mentalità poteva essere vincente o non ostacolare buoni risultati. Negli anni del boom e della grande prosperità il business e i soldi erano relativamente "facili". Tutto spingeva per la crescita. Si è trattato di decenni "drogati": la ricostruzione, il boom demografico, la rivoluzione industriale fatta con grande ritardo rispetto alle altre nazioni europee, poi l'abbondanza finanziata con il debito pubblico... l'Italia era in piena sbornia. E il business girava alla grande, almeno così dicono tutti quelli che facevano business in quell'epoca un po' magica, in cui io ero ancora bambino.

Ma, dopo tanti anni di sbornie da business "facile", è difficile tornare alla dura legge dei mercati internazionali. I mercati, sia interni sia internazionali, sono cambiati, ma la mentalità di molte aziende no. Le azioni, le abitudini, le strategie (o le non strategie), l'organizzazione (o la non organizzazione) sono rimaste uguali o simili a prima e, semplicemente, non funzionano più. Ora nel mercato interno italiano tutto spinge al ribasso: saturazione, demografia, deindustrializzazione, peso del debito pubblico e quindi tasse...

E quindi? Qualsiasi economista serio direbbe: «Tutte cose perfettamente prevedibili con decenni di anticipo. Si chiamano cicli economici lunghi, o di Kondratiev». Ma, in tutta franchezza: c-h-i-s-s-e-n-e-f-r-e-g-a. Perché dobbiamo stare impantanati nelle problematiche del giardinetto e del quartierino, mentre miliardi di persone stanno passando dalla povertà alla ricchezza? Miliardi di persone affamate di Made in Italy!

SEGRETO n. 6: la mentalità determina tutti i risultati aziendali: la mentalità è come l'aria – non la vediamo ma è sempre presente; la mentalità può essere più o meno adeguata all'ambiente; una mentalità vincente in un determinato ambiente può essere perdente se l'ambiente cambia.

E quindi, come si può fare? È necessario fare evolvere la mentalità! Molto facile a dirsi, molto più difficile a farsi.

1.4 Fai evolvere la mentalità in dieci passi

Il cervello umano ha cento miliardi di neuroni. Le potenziali combinazioni di pensieri e di mentalità possibili derivanti da un cervello umano sono superiori al numero di atomi presenti in tutto l'universo. Ogni pensiero è una precisa configurazione di collegamenti elettrochimici tra alcuni neuroni, una sola possibile configurazione tra le infinite possibilità.

Tra le infinite possibilità di schemi di pensiero e azione, l'uomo sceglie quelli migliori per un determinato momento della sua vita. Per vivere in maniera efficace, l'uomo crea e ripete istintivamente gli schemi di pensiero e di azione precisi, e definiti funzionali, alla situazione che affronta. Questi schemi, ripetuti nel tempo, diventano così azioni, registrazioni inconsce, mentalità, abitudini, carattere. È un processo del tutto funzionale e positivo, senza il quale l'uomo non riuscirebbe a vivere.

La mentalità è come un software operativo di un computer che fa funzionare tutto il resto. Il problema è che nel tempo ci si dimentica che gli schemi di pensiero, la mentalità e le abitudini sono una delle infinite possibilità, solo una delle possibili versioni del software operativo.

Le persone tendono a identificarsi con la propria mentalità. Si arriva a dire «sono fatto così, non ci posso fare nulla», precludendosi la possibilità di creare un nuovo schema di pensiero e di azione più adatto alla nuova situazione, un'evoluzione della mentalità precedente.

SEGRETO n. 7: ogni mentalità è solo una delle infinite

possibilità di pensiero, scelta istintivamente come la più adatta alla situazione in un determinato momento; le persone tendono a identificarsi con la propria mentalità, che in realtà è una sorta di software operativo che può essere aggiornato.

La mentalità condiziona addirittura la percezione fisica della realtà. È come una lente colorata che ci permette di vedere la realtà solo con un certo colore. Ogni secondo, il nostro sistema nervoso riceve milioni di informazioni, ma solo poche decine di queste raggiungono il livello di coscienza consapevole. Tutti gli altri milioni di informazioni sono filtrati direttamente dalla mentalità ed esclusi alla coscienza.

In questa maniera, la mentalità si autoalimenta con i riferimenti che essa stessa ha filtrato e impedisce alle informazioni non in linea con sé stessa perfino di arrivare alla coscienza. In un certo senso, la mentalità crea la "realtà percepita" di una persona, che può essere anche molto diversa da quella "reale", oggettiva. Non è una "realtà falsa", è solo una "realtà parziale", data da un preciso punto di vista. Se si cambia il punto di vista, si vede la realtà in modo diverso, come quando cambi posto a sedere in una sala.

SEGRETO n. 8: la mentalità condiziona la percezione fisica della realtà filtrando solo le informazioni in linea con essa; è possibile cambiare la percezione cambiando punto di vista.

Quindi come facciamo a fare evolvere la mentalità? Il primo segreto è rendersi conto che tu, io, tutti noi non siamo la nostra mentalità attuale, che è solo una delle infinite possibilità. Fare evolvere la mentalità non è facile né immediato. Richiede l'intenzione, il desiderio e molta pazienza da parte della singola persona. L'evoluzione della mentalità può essere ispirata, ma mai forzata, dall'esterno.

SEGRETO n. 9: le persone non sono la propria mentalità; l'evoluzione della mentalità può essere ispirata, ma mai forzata, dall'esterno della persona.

Esistono molti metodi di sviluppo personale per fare evolvere la mentalità: visualizzazioni, meditazione, training autogeno, affermazioni e molti, molti altri. Esistono tantissimi corsi di formazione in presenza fisica e online, ormai alla portata di tutti. È importante che tu valuti quali strumenti sono più adatti a te in questo momento, per le sfide pratiche che devi affrontare adesso.

Seguire i corsi di formazione esperienziale con i migliori formatori del mondo mi ha fatto evolvere molto rapidamente, aiutandomi a superare grosse problematiche mentali, emotive e fisiche che mi limitavano nell'avere una vita anche solo "normale". Per iniziare ti consiglio di leggere un classico best seller e riferimento da decenni: *Seven habits of highly effective people* di Stephen Covey (titolo tradotto malamente, stravolgendone il significato, in *Le sette regole per avere successo*). Per la gestione del cambiamento personale e aziendale ti consiglio di leggere *Chi ha spostato il mio formaggio* di Spencer Johnson e *Il nostro iceberg si sta sciogliendo* di John Kotter. Se vuoi lavorare concretamente sul tuo sviluppo professionale, imprenditoriale e finanziario ti consiglio *The millionaire master plan* di Roger James Hamilton. "Ovviamente" consiglio di leggere in inglese, in lingua originale, sia per evitare fraintendimenti a causa delle pessime traduzioni, sia per esercitarsi in quella lingua. Infatti, il primo cambio di mentalità deve essere: «Non sapere l'inglese nel business è letteralmente come non sapere leggere e scrivere».

Il modo migliore per fare evolvere la mentalità sono però soprattutto le esperienze pratiche e le full immersion in ambienti del tutto diversi da quelli ai quali sei abituato, ancora meglio se in ambiente internazionale, con gente originaria da ogni parte del mondo e di diversa estrazione professionale. Vivere in Canada e lavorare giorno dopo giorno con persone provenienti da 100 diverse nazioni del mondo mi ha fatto cambiare completamente mentalità. È possibile ricreare queste esperienze in pochi giorni e con costi davvero limitati. Cerca di vivere il più possibile a stretto contatto con persone che stanno raggiungendo risultati simili a quelli che vuoi raggiungere tu. Cerca gli eventi e le associazioni dove puoi trovare queste persone e frequentali in maniera sistematica.

SEGRETO n. 10: esistono molti metodi per fare evolvere la mentalità; quello migliore è fare delle esperienze pratiche full immersion in contesti completamente nuovi.

54

Adesso voglio proporti l'estrema sintesi in 10 passi del metodo [R]-Evoluzione Mentale e Personale, che ti può aiutare a fare evolvere giorno per giorno la tua mentalità.

1. Informati selezionando con cura le fonti.

2. Dis-identificati dai tuoi pensieri ed emozioni; ascolta i tuoi pensieri consapevole del fatto che non sono il tuo vero essere.

3. Accetta il cambiamento. Accetta che tutto quello che conosci potrebbe cambiare completamente.

4. Osserva gli schemi di causa-effetto dei comportamenti ripetitivi in te e negli altri, senza giudicare.

5. Sospendi il giudizio.

6. Sostituisci i pensieri, creando gioia e gratitudine.

7. Tieni la mente aperta e l'immaginazione viva.

8. Definisci le tue preferenze, desideri e obiettivi.

9. Sperimenta il nuovo, agisci in maniera differente e crea nuove abitudini.

10. Diventa in prima persona il cambiamento che vorresti vedere nel mondo.

Puoi scaricare la guida completa per i dieci passi del metodo [R]-Evoluzione Mentale e Personale e ulteriore materiale per affrontare il cambiamento e fare evolvere la mentalità dal sito www.revoluzionementale.it.

SEGRETO n. 11: stampa i 10 passi del metodo [R]-Evoluzione Mentale e Personale e tieni il foglio bene in vista sulla tua scrivania per ricordarti di fare evolvere gradualmente la tua mentalità.

Negli strumenti correlati al libro sarai guidato nell'applicare i dieci passi per lasciare andare i tratti di mentalità più limitanti e sostituirli con modi di vedere, di pensare e di agire più proficui. La maggior parte degli imprenditori italiani ha una formazione tecnica e non ha mai approfondito i metodi di gestione aziendale di base. Questa è una delle principali cause di difficoltà e di fallimenti spesso evitabili applicando principi relativamente semplici. In Italia si dà poca attenzione alla gestione manageriale, al metodo, alla strategia e all'organizzazione. Vige ancora lo "spirito garibaldino" dell'improvvisazione costante: l'arrangiarsi, il passaparola, la focalizzazione solo sul prodotto e non sul sistema azienda.

Come atleta quasi professionista, ero appassionato di metodi di allenamento fisico e mentale. Negli sport aerobici che praticavo a livello agonistico è possibile misurare con precisione giorno per giorno la relazione tra il metodo di allenamento e i risultati. Questo mi ha aiutato a ragionare in termini di metodologie. A cercare di individuare via via le migliori per ottenere un certo risultato personale o aziendale.

Seguire un metodo rende i risultati più prevedibili e più gestibili. Atleti, imprenditori, manager e in generale tutti possono raggiungere risultati straordinari con il solo "talento", ma se non applicano consapevolmente un metodo, non sono coscienti di come hanno raggiunto questi risultati e, per questo, potrebbero non essere in grado di replicarli o di migliorarli in modo sistematico.

Per le aziende la consapevolezza del metodo utilizzato è ancora più importante che per le singole persone, poiché sono realtà molto complesse ove interagiscono collaboratori, macchinari, processi, software e molti altri fattori. I metodi di gestione aziendale (strategia e organizzazione) sono in grado di determinare i risultati economici (ottimi, buoni, mediocri o fallimentari) molto più di quanto lo facciano il talento e l'impegno delle persone.

SEGRETO n. 12: i metodi di gestione aziendale (strategia e organizzazione) rendono i risultati più prevedibili e sistematicamente migliorabili.

Nei capitoli successivi vedremo quali metodi veloci e snelli di gestione aziendale puoi utilizzare immediatamente per migliorare i risultati aziendali.

RIEPILOGO DEL CAPITOLO 1:

- SEGRETO n. 1: le persone e le aziende non devono cambiare, devono evolversi; l'evoluzione consiste nel lasciare andare quello che non funziona più e sostituirlo con ciò che funziona meglio.

- SEGRETO n. 2: la differenza nei risultati è data più dalla reazione al cambiamento, dall'evoluzione personale e aziendale che dalla direzione del cambiamento esterno.

- SEGRETO n. 3: non è solo la "crisi" ad aver messo in difficoltà le aziende, sono anche le difficoltà gestionali delle aziende ad aver aggravato la "crisi".

- SEGRETO n. 4: il killer delle aziende italiane è l'insieme di virus legati a una mentalità arretrata e provinciale; presta molta attenzione a questi virus e comincia da te stesso facendo evolvere la tua mentalità.

- SEGRETO n. 5: è necessario innovare ed evolversi: finanzia il nuovo con i vecchi cavalli di battaglia, finché sei in tempo; il "piccolo è bello" potrebbe essere una trappola.

- SEGRETO n. 6: la mentalità determina tutti i risultati aziendali: la mentalità è come l'aria – non la vediamo ma è sempre presente; la mentalità può essere più o meno adeguata all'ambiente; una mentalità vincente in un determinato ambiente può essere perdente se l'ambiente cambia.

- SEGRETO n. 7: ogni mentalità è solo una delle infinite possibilità di pensiero, scelta istintivamente come la più adatta alla situazione in un determinato momento; le persone tendono a identificarsi con la propria mentalità, che in realtà è una sorta di software operativo che può essere aggiornato.

- SEGRETO n. 8: la mentalità condiziona la percezione fisica della realtà filtrando solo le informazioni in linea con essa; è possibile cambiare la percezione cambiando punto di vista.

- SEGRETO n. 9: le persone non sono la propria mentalità; l'evoluzione della mentalità può essere ispirata, ma mai forzata, dall'esterno della persona.

- SEGRETO n. 10: esistono molti metodi per fare evolvere la mentalità; quello migliore è fare delle esperienze pratiche full immersion in contesti completamente nuovi.

- SEGRETO n. 11: stampa i 10 passi del metodo [R]-Evoluzione Mentale e Personale e tieni il foglio bene in vista sulla tua scrivania per ricordarti di fare evolvere gradualmente la tua mentalità.

- SEGRETO n. 12: i metodi di gestione aziendale (strategia e organizzazione) rendono i risultati più prevedibili e sistematicamente migliorabili.

Puoi scaricare ulteriori risorse correlate al libro, utili ad aiutarti ad affrontare il cambiamento e fare evolvere la mentalità dai siti: www.revoluzioneaziendale.it e www.revoluzionementale.it

Capitolo 2:
[R]-Evoluzione Strategica
Come fare l'Analisi di Mercato Visuale™

Come si possono capire e addirittura anticipare i cambiamenti di mercato? Come si possono individuare le opportunità e le minacce? Come si può lanciare un nuovo business, o aggiustare il tiro di un business esistente, aumentando drasticamente le probabilità di successo?

2.1 Migliora il tuo utile con l'Analisi di Mercato Visuale™

Il primo passo è sempre un'analisi di mercato efficace. I risultati dell'analisi di mercato rappresentano la cartina geografica del tuo settore di attività. Per capire in che direzione andare, quale strategia adottare, devi avere davanti la cartina geografica, altrimenti vai alla cieca. È come navigare in mare con la barca a vela o come orientarsi in una foresta. Hai bisogno di una cartina per capire dove sei, tracciare la rotta, capire quali sentieri seguire.

La definizione di quali prodotti e servizi offrire si deve basare sull'analisi di mercato. La definizione dei segmenti di clienti da raggiungere si deve basare sull'analisi di mercato. Il business plan si deve basare sull'analisi di mercato. Le strategie di marketing e di vendita devono partire dall'analisi di mercato.

SEGRETO n. 13: l'analisi di mercato è la cartina geografica del tuo settore di attività ed è fondamentale per definire ogni aspetto del business: i prodotti e i servizi da offrire, i segmenti target di clienti, le strategie di marketing vendita.

L'analisi di mercato non è più completamente delegabile: deve essere guidata direttamente dai decisori aziendali, dal titolare, dai manager interni all'azienda. Farsi fare tutta l'analisi di mercato è come affidarsi ai navigatori delle auto, con la differenza che non ti porteranno dove vuoi tu, ma dove va la massa. E non è mai un bel posto.

Farsi aiutare da specialisti e consulenti è sicuramente utile per avere una visione e oggettiva. Ma è necessario imparare in prima persona alcuni metodi semplici per impostare l'analisi di mercato.

SEGRETO n. 14: l'analisi di mercato non è più delegabile all'esterno, deve essere impostata e seguita dai manager interni.

Perché l'analisi di mercato è così importante? Perché ti costringe a vedere il mercato un po' più per quello che è veramente e meno attraverso il filtro della tua mentalità.

SEGRETO n. 15: l'analisi di mercato è fondamentale perché ti costringe a vedere la realtà con gli occhi più oggettivi dei numeri e dei punti di vista esterni, e non con quelli della tua mentalità.

È necessario raccogliere sia i dati oggettivi (statistici e numerici) sia i dati qualitativi raccolti da enti terzi, e ormai disponibili o ricavabili gratuitamente utilizzando un motore di ricerca.

Se si sa come fare delle ricerche su Google, si hanno in mano più dati sul proprio settore di quelle che venti anni fa erano disponibili solo alle società di ricerca di mercato.

SEGRETO n. 16: Google permette di accedere in pochi minuti a molte delle informazioni necessarie per l'analisi di mercato.

Il modo "tradizionale" di fare le ricerche di mercato non è più adatto al contesto attuale. Il cambiamento è tale che è necessario aggiornare la ricerca sempre più spesso. Un report di parecchie pagine è difficile da comunicare e da aggiornare, a volte anche da capire. L'analisi di mercato deve essere immediata da capire, aggiornare e comunicare a tutti i livelli dell'azienda. Per potersi orientare al meglio, è necessario guardare la cartina geografica della ricerca di mercato spesso, anche costantemente. Per questo è necessario che l'analisi di mercato sia sintetizzabile in maniera visuale, su un semplice foglio A4 o A3. Nell'analisi di mercato sintetizzata in maniera visuale è possibile "vedere" e "toccare" in maniera concreta la situazione del mercato e la sua dinamica.

SEGRETO n. 17: l'analisi di mercato deve essere immediata da aggiornare, capire e comunicare; deve essere sintetizzabile in maniera grafica e visuale su un foglio A4 o A3.

Ho sviluppato lo strumento Analisi di Mercato Visuale™ per

rispondere alle esigenze di imprenditori e manager di PMI con i quali ho lavorato. In Canada avevo studiato e applicato la scienza e l'arte del marketing strategico, avendo come "professori" i consulenti che aiutavano le grandi aziende nel business planning.

Lì l'approccio all'apprendimento universitario è molto diverso da quello italiano: 20% teoria, 80% pratica sul campo. Si impara e ci si esercita facendo esattamente quello che serve davvero in azienda, spesso in contesti e su progetti reali. Ogni settimana lavoravamo in team su un'analisi di mercato e un business plan diverso, per aziende reali e in settori del tutto diversi tra loro, spesso presentando alle stesse i risultati e le proposte.

Una volta tornato in Italia, iniziai ad aiutare imprenditori e manager di PMI italiane ed estere a impostare l'analisi di mercato e il business plan. I principi di base che si applicano alle grandi imprese e alle piccole sono gli stessi. Gli strumenti specifici e i metodi per le grandi imprese sono però troppo complicati per le PMI, perciò avevo la necessità di semplificarli molto e renderli più immediati e intuitivi.

Nacque così, inconsapevolmente, l'Analisi di Mercato Visuale™. In pochi minuti è possibile ricostruire i tratti salienti della struttura di mercato. In non più di due ore, con una serie di domande mirate, ricerche d'informazioni su Google, talvolta qualche chiamata telefonica o intervista, è possibile visualizzare buona parte dei dati chiave del mercato e del settore in maniera grafica, per potere letteralmente "vedere" il mercato e le sue dinamiche. Questo è un buon punto di partenza, veloce e snello, che facilita costanti e graduali approfondimenti ed evoluzioni.

L'Analisi di Mercato Visuale™ raffigura i dati statistici (quantitativi) e le caratteristiche (qualitative) chiave di (principalmente): clienti diretti, clienti dei clienti, canali di distribuzione, concorrenti diretti, concorrenti indiretti e sostituti, *complementors*, potenziali entranti, fornitori, influenzatori ovvero istituzioni di riferimento del settore (associazioni di categoria, riviste, eventi, youtuber, blogger ecc.).

L'Analisi di Mercato Visuale™ è una semplificazione e un aggiornamento dei fantastici strumenti di analisi competitiva di Michael Porter, descritti nei libri *Competitive strategy* e

Competitive advantage, da più di trent'anni considerati i pilastri della strategia aziendale. Nell'Analisi di Mercato Visuale™ sono incluse le indicazioni delle prassi manageriali "tradizionali" fornite dai testi sacri del marketing strategico (Kotler) e della strategia (Grant), convertite in modalità da "Lean Startup".

SEGRETO n. 18: l'Analisi di Mercato Visuale™ permette di sintetizzare le informazioni chiave quantitative e qualitative in merito al vostro settore ed ecosistema di attività: clienti diretti, clienti dei clienti, canali di distribuzione, concorrenti diretti, concorrenti indiretti e sostituti, potenziali entranti, *complementors*, fornitori, influenzatori ovvero istituzioni di riferimento del settore (associazioni di categoria, riviste, eventi ecc.).

Uno degli utilizzi più rilevanti degli strumenti di analisi competitiva classica è capire quanto sia redditizio stare, entrare o uscire rispetto a un settore di attività. In parole povere: in un settore di attività, dove c'è trippa per gatti? E dove ci sarà in futuro?

Da alcuni studi svolti, emerge che la scelta del settore di attività e del mercato incide dal 20% al 60% sulla redditività delle aziende. Il messaggio è semplice: stare in, entrare in o uscire da un settore di attività o un mercato è la principale scelta di strategia aziendale. Non darla per scontata. Uno dei più grandi limiti mentali delle aziende è identificarsi con un singolo settore di attività.

Anche le tempistiche di entrata e di uscita rispetto a un settore sono importanti. Alla fine degli anni Novanta, in pieno boom della telefonia mobile, essere un piccolo rivenditore di uno degli operatori aveva dei margini discreti. In seguito, i margini si sono ridotti molto. Il potere contrattuale era tutto sbilanciato a favore dell'operatore, non del rivenditore. E questa riduzione dei margini era prevedibile con largo anticipo.

SEGRETO n. 19: la scelta di stare in, entrare in o uscire da un settore o un mercato è la scelta di strategia aziendale più importante.

La novità dell'Analisi di Mercato Visuale™, rispetto alle analisi tradizionali, sta nella rappresentazione visuale immediata e comprensibile a tutti, non solo ai manager "istruiti" e ai consulenti. I confini tra i settori di attività sono sempre più labili e per questo è necessario rivedere l'analisi di mercato più spesso e in maniera più snella. Adesso più che di settore di attività si parla di "ecosistema". Le grandi opportunità e minacce non si trovano all'interno del settore di attività come tradizionalmente concepito, ma arrivano quasi sempre da "settori" contigui.

SEGRETO n. 20: le rivoluzioni di mercato, le più grandi opportunità e minacce non arrivano più dal settore di attività come tradizionalmente concepito, ma dal suo esterno, in particolare dai potenziali entranti, dai concorrenti indiretti e dai sostituti.

Quindi come si fa un'Analisi di Mercato Visuale™? Lasciati guidare. Adesso vediamo rapidamente come farla. Prendi un foglio di carta e disponilo in orizzontale. Prendi penna e colori. Se puoi, scarica i tool correlati, che riportano ulteriori indicazioni più dettagliate e i modelli preconfezionati.

Al centro del foglio, il tuo settore di attività e la concorrenza diretta. A destra, nell'ordine: i canali distributivi, i clienti diretti, i clienti dei clienti. A sinistra, i fornitori. Attorno al centro i concorrenti indiretti, i potenziali entranti, i sostituti e i *complementors*. In basso (o in alto a tua scelta) gli influenzatori ovvero istituzioni di riferimento che influiscono sul settore (associazioni di categoria, riviste, eventi, youtuber, blogger, social media ecc.). In alto e in basso, vicino ai bordi del foglio, i *driver* del cambiamento. Questo è lo schema dell'Analisi di Mercato Visuale™. Più facile a disegnarla che a spiegarla.

Per ogni categoria di soggetti del settore o dell'ecosistema di attività, dato un certo raggio geografico di interesse, i principali dati quantitativi chiave da ricercare sono: numero di soggetti (aziende, persone o famiglie), valore complessivo del mercato, distribuzione statistica per dimensione e fatturato, o reddito se si tratta di persone fisiche (ad esempio: 20% sopra i 2 milioni di euro; 60% tra 500.000 e 2 milioni; 20% sotto i 500.000), categorie e segmenti, margine medio di utile (dati ormai sempre più accessibili).

71

2.2 Trova i clienti migliori per te

Iniziamo a lavorare sui clienti e sui potenziali clienti diretti. Chi sono i clienti attuali? Quali segmenti? Chi sono i potenziali clienti? Quali segmenti? Qual è il raggio geografico?

La definizione dei segmenti sembra immediata, ma non lo è. Scrivi subito i segmenti più semplici da individuare. Esercitati a vedere segmenti di mercato da un'ottica diversa, secondo schemi differenti, secondo le esigenze reali dei clienti. Ricerca i dati chiave dei tuoi clienti potenziali: numero, distribuzione percentuale di fatturato e dimensione, categorie e segmenti. Qual è il valore complessivo del mercato? Intendo la somma del fatturato di tutti i potenziali clienti nel raggio geografico che ti interessa. Come se la passano? Che margini economici hanno? Qual è il tasso di fallimento e di apertura di nuove aziende?

Già rispondendo a queste semplici domande con dati reali, inizi a vedere la realtà del mercato per come è, e non per come la mentalità te la fa percepire. Inizi a vedere il settore attraverso occhi nuovi.

SEGRETO n. 21: non smettere mai di raccogliere le informazioni chiave riguardo i tuoi potenziali clienti, sia statistiche e quantitative, sia qualitative.

Uno dei principali obiettivi dell'analisi di mercato è capire quali sono i segmenti di clienti potenzialmente più redditizi. In inglese si dice *people with money*. Coloro che sono potenzialmente interessati ai prodotti e ai servizi che vendi e che sono disposti a pagare bene per quello che offri. Quali sono i segmenti di mercato più redditizi? Sii creativo. Ragiona fuori dalle categorie standard.

SEGRETO n. 22: la tua priorità è capire quali sono i segmenti di mercato più redditizi: chi è potenzialmente interessato ai prodotti e ai servizi che offri ed è disposto a pagarti bene.

Fai un primo brainstorming sui tuoi clienti diretti. Quali sono le loro esigenze? Come acquistano? Quali sono i loro processi di acquisto? Come decidono cosa e da chi comprare? Adesso guarda i prodotti e i servizi che vendi. Fai un elenco, indicando prezzo, margine. In che maniera i prodotti e i servizi che vendi soddisfano le esigenze dei clienti? Qual è il valore aggiunto che dai ai clienti diretti (detto anche Value Proposition)? Lavoreremo meglio sulle esigenze dei clienti e sulla Value Proposition nei capitoli successivi. Adesso osserva i clienti dei tuoi clienti. Chi sono? Quanti sono? Ricerca le informazioni statistiche chiave. In che maniera i clienti dei tuoi clienti influenzano gli acquisti dei tuoi clienti diretti?

Passiamo ora ai canali di distribuzione. Il prodotto o il servizio come viene consegnato, reso disponibile ai clienti? Esistono degli intermediari, degli agenti, una dinamica di *sell in* e *sell out*? Chi sono questi intermediari? Raccogli i soliti dati. Cerca di vedere il valore aggiunto nella percezione del cliente diretto nel suo complesso. Chi o cosa concorre a far percepire il valore del prodotto o servizio? Al cliente finale interessa solo la soddisfazione complessiva dei bisogni che non è data solo dal prodotto/servizio in sé, ma da tutti gli elementi correlati (consegna, servizi aggiuntivi, consigli, cortesia, manutenzione ecc.).

SEGRETO n. 23: mettiti nei panni dei potenziali clienti e cerca di capire le loro esigenze. Quali sono i loro processi di acquisto? Come decidono cosa e da chi comprare?

2.3 Conosci la tua concorrenza, per vincerla

Adesso analizza i tuoi concorrenti diretti, ovvero chi fornisce prodotti e servizi molto simili ai tuoi. Chi sono? Quanti sono? Come sono messi? Come operano? Quali strategie (o quale comportamento e non-strategie) adottano? Quali punti deboli hanno? Cosa rende scontenti i loro clienti? Qual è il giro di affari complessivo? Quali margini medi hanno, o meglio avete, come settore? Qui arrivano le più grosse sorprese e docce gelate: si scopre che il settore in cui si opera ha ormai margini bassissimi e che si è entrati nella guerra tra poveri.

Bene, affrontiamo la realtà e, con questi strumenti, iniziamo a porre le basi per uscire dalla guerra tra poveri. In Italia, nonostante la crisi, il livello di competizione in molti settori è ancora molto basso in termini di aggressività ed efficacia delle strategie aziendali. Le aziende italiane si affidano ancora al "passaparola", agli amici degli amici, senza avere delle vere strategie, se non quella di avere dei buoni prodotti e servizi.

Quindi, di fatto, la maggioranza delle aziende, degli imprenditori e dei collaboratori si affida al duro lavoro e al sacrificio senza avere una strategia; in definitiva, affida al caso, alla speranza e all'improvvisazione i risultati, nonostante l'impegno.

Vediamo il lato positivo della situazione: applicando delle strategie precise e adeguate è ancora possibile fare la differenza e uscire dalla guerra tra poveri. Perché la maggioranza delle aziende italiane non applica strategie efficaci o non applica alcuna strategia. Sta a te decidere da quale parte stare: lasciare che sia il caso a determinare la sorte dell'azienda o prendere in mano il suo e il tuo destino.

SEGRETO n. 24: impara a conoscere bene i tuoi concorrenti diretti; anche se i margini del settore sono bassi, il livello di competizione potrebbe essere minore di quello che credi: con strategie mirate è ancora possibile fare la differenza e uscire dalla guerra tra poveri.

I concorrenti diretti non sono il vero problema competitivo. Il vero problema sono i cosiddetti concorrenti indiretti, i sostituti e i potenziali entranti. I potenziali entranti sono quelle aziende che possono entrare nel mercato e "rubare" clienti e quote di mercato.

Per esempio l'entrata e lo sviluppo di aziende come Ikea, Leroy Merlin, Decathlon ha distrutto i piccoli operatori dei rispettivi settori di attività. Ne sapeva qualcosa mio nonno, che aveva un negozio di alimentari e gastronomia: quando in città arrivò la Standa, lui e la maggioranza dei suoi concorrenti diretti dovettero chiudere. Il settore, da notevolmente ricco, divenne un settore da guerra tra poveri. Quindi lavora di logica: chi sono i potenziali entranti nel tuo settore di attività? Se entrassero nel mercato cosa succederebbe?

Chi sono in questo momento i concorrenti indiretti e i sostituti per il tuo settore di attività? Quali caratteristiche hanno? I concorrenti indiretti e i sostituti sono quelle aziende che non offrono lo stesso prodotto/servizio, ma un prodotto/servizio che soddisfa le stesse esigenze del cliente in un altro modo. Gli esempi più citati ora sono Blockbuster versus Netflix e Kodak versus la fotografia digitale.

Proviamo a pensare ai servizi di pagamento di Amazon, Paypal e Facebook o alla piattaforma italiana Satispay: non sarebbero concorrenti diretti delle banche, ma di fatto soddisfano la stessa esigenza di inviare e ricevere pagamenti, per altro con una customer experience molto migliore. Se e quando i GAFA (Google, Amazon, Facebook, Apple) si decideranno a entrare seriamente nel settore dei servizi finanziari e bancari, concedendo prestiti, mutui e servizi finanziari integrati ad altri servizi ad alto valore aggiunto, nulla sarà più come prima. Il loro potere di mercato, di conoscenza incredibilmente dettagliata di miliardi di clienti in pochi anni è diventato così forte che, per le banche che non saranno in grado di posizionarsi in maniera adeguata, potrebbero non esserci molte speranze di sopravvivenza.

Lo ripeto: per un settore di attività, le vere rivoluzioni arrivano dall'esterno: dai potenziali entranti, dai concorrenti indiretti e sostituti.

2.4 Individua i tuoi alleati strategici

I *complementors* sono aziende che offrono servizi e prodotti complementari all'offerta di un'azienda, potenzialmente utili per dare una soluzione "chiavi in mano" a uno stesso segmento di potenziali clienti. Se un'azienda vende acquerelli, i *complementors* sono le aziende che vendono cavalletti per la pittura. Se un'azienda vende servizi di idraulica, i *complementors* saranno elettricisti, falegnami e imprese di pulizia. Leroy Merlin, quando compri un gazebo da giardino, o dei faretti, ti può fornire il tecnico installatore a tariffe pre-concordate.

I *complementors* costituiscono una grande opportunità di fare evolvere la Value Proposition, ossia il valore dei prodotti e dei servizi per i clienti. In Italia la concezione di servizi integrati, chiavi in mano è ancora poco diffusa e per questo ci possono essere grandi opportunità per applicare strategie in questo senso. Le partnership e il lavoro condiviso con i *complementors*, con i fornitori e con i canali distributivi sono una delle leve strategiche sempre più rilevanti. Quali servizi sono complementari ai tuoi? Chi li fornisce? Chi sono i tuoi *complementors*? Quali soluzioni integrate potresti fornire lavorando insieme a loro?

SEGRETO n. 25: lavorare insieme ai tuoi *complementors* può portare grandi opportunità.

E che dire dei fornitori? Da quanto tempo è che non fai un'analisi dei tuoi fornitori o potenziali tali? Quali esigenze hanno? Come comunichi loro le tue esigenze? Le aziende, giustamente, sono così concentrate sul lato dei clienti e dei concorrenti che spesso dimenticano le possibili sinergie con i fornitori. Visualizza anche per loro i dati statistici chiave. Cerca di capire quali soluzioni e collaborazioni win-win puoi trovare assieme a loro per migliorare il valore dei servizi e dei prodotti forniti e per abbattere i costi.

Tra i fornitori ricordati di considerare le banche e i fornitori dei servizi finanziari, gli spedizionieri, gli outsourcer, ovvero tutte quelle aziende e professionisti (commercialista, consulente del lavoro, avvocati) che svolgono delle attività in nome e per conto dell'azienda. Insomma sono fornitori tutti quelli che, in qualche maniera, l'azienda paga.

SEGRETO n. 26: non sottovalutare i tuoi fornitori, cerca delle soluzioni e delle collaborazioni win–win per migliorare il valore dei servizi e prodotti forniti e abbattere insieme i costi.

Gli influenzatori sono tutti quei soggetti che in qualche maniera influenzano il settore di attività (concorrenti, clienti diretti, clienti finali, fornitori ecc.) attraverso opinioni, indicazioni, pubblicità, servizi gratuiti o a pagamento, standard, regole non scritte. Si tratta di giornali, riviste e libri di settore, blog, siti e piattaforme web, associazioni di categoria formali o informali, esperti o considerati tali, amministrazioni locali.

È questo l'ambito di applicazione nel quale tutto il capitale umano espresso nella "mentalità" e nel modo di fare tutto italiano trova un senso. La mentalità dei contatti *ad personam* andrebbe sfruttata con gli influencer, e non confusa con una raffazzonata strategia di marketing.

Avere una mappa precisa degli influenzatori è molto importante. Quali sono i trend? Chi c'è veramente dietro questi influenzatori? Quali sono i loro reali interessi? È importante monitorare costantemente gli influenzatori e costruire, nel tempo, dei rapporti con loro. In Italia gli influenzatori hanno più potere che in altre economie, proprio per la grande importanza che hanno le relazioni personali. Le azioni svolte in partnership con gli influenzatori possono avere un "effetto leva" notevole: con poco sforzo, ottenere tanto.

SEGRETO n. 27: è importante monitorare costantemente gli influenzatori e costruire relazioni durature con loro.

Bene, ora dovresti avere davanti a te l'Analisi di Mercato Visuale™ che rende immediata la situazione attuale di mercato del tuo settore di attività. Puoi già vedere molte cose nuove che prima non erano così evidenti, vero? Dimmi di sì!

Fare l'Analisi di Mercato Visuale™ è il primo passo per iniziare a ragionare in maniera strategica sul business dell'azienda. Adesso puoi "vedere" il settore in maniera più oggettiva, vedere la correlazione tra le diverse categorie di soggetti e le relazioni tra i tuoi risultati e le dinamiche dei soggetti all'interno del settore.

Ci sono migliaia di considerazioni che si possono fare e che possono aiutarti a migliorare la strategia, il posizionamento e l'organizzazione dell'azienda a partire dalle informazioni che emergono dall'analisi.

Tra le considerazioni più importanti puoi chiederti: Quali nicchie di mercato sono scoperte? Perché? Quali sono i segmenti più redditizi? Quali piccole azioni possono portare un grande miglioramento nei risultati? Come si può rendere più efficace il processo di acquisto dei clienti? Quale posizionamento hanno i concorrenti, quale posizionamento può essere valido per l'azienda? Con quali prodotti e servizi di *complementors* si può arricchire l'offerta?

SEGRETO n. 28: fare l'Analisi di Mercato Visuale™ è il primo passo per iniziare a ragionare strategicamente sul business dell'azienda.

2.5 Prevedi i cambiamenti di mercato

Come evolverà il mercato? E il settore? È necessario formulare delle ipotesi, chiedersi "cosa succederebbe se..." e immaginare gli effetti, le catene causa-effetto. Questo vale sia per il cambiamento esterno sia per le decisioni di evoluzione delle aziende. Per visualizzare meglio le dinamiche di cambiamento in un settore, di recente ho aggiunto per l'Analisi di Mercato Visuale™ anche i "driver del cambiamento". I driver sono le forze esterne al settore che spingono in maniera rilevante il cambiamento in determinate direzioni.

I "driver del cambiamento" sono, principalmente: tecnologia, cultura, leggi, ambiente e risorse naturali, demografia, cicli economici, geopolitica. Hanno un'importanza sempre maggiore sui settori di attività e sugli ecosistemi.

SEGRETO n. 29: per capire le dinamiche di cambiamento del settore è utile capire come i "driver del cambiamento" influiscono e influiranno sul settore di attività; i "driver del cambiamento" sono, principalmente: tecnologia, cultura, leggi, ambiente e risorse naturali, demografia, cicli economici, geopolitica.

La tecnologia è il driver che più di ogni altro, almeno in apparenza, sta alimentando il cambiamento. Le tecnologie basate su internet e sugli smartphone stanno cambiando ogni settore, producendo un'incredibile convergenza e rimescolamento. Questo è evidente a tutti. Alcuni effetti sono prevedibili, altri meno. Inizia a concentrarti sui cambiamenti quasi certi. In che modo la tecnologia sta cambiando e cambierà il modo di operare dei vari soggetti del settore di attività? Che effetti ci saranno?

SEGRETO n. 30: concentrati sui cambiamenti più probabili che la tecnologia porterà nel settore e nella definizione stessa del settore.

RIEPILOGO DEL CAPITOLO 2:

- SEGRETO n. 13: l'analisi di mercato è la cartina geografica del tuo settore di attività ed è fondamentale per definire ogni aspetto del business: i prodotti e i servizi da offrire, i segmenti target di clienti, le strategie di marketing vendita.

- SEGRETO n. 14: l'analisi di mercato non è più delegabile all'esterno, deve essere impostata e seguita dai manager interni.

- SEGRETO n. 15: l'analisi di mercato è fondamentale perché ti costringe a vedere la realtà con gli occhi più oggettivi dei numeri e dei punti di vista esterni, e non con quelli della tua mentalità.

- SEGRETO n. 16: Google permette di accedere in pochi minuti a molte delle informazioni necessarie per l'analisi di mercato.

- SEGRETO n. 17: l'analisi di mercato deve essere immediata da aggiornare, capire e comunicare; deve essere sintetizzabile in maniera grafica e visuale su un foglio A4 o A3.

- SEGRETO n. 18: l'Analisi di Mercato Visuale™ permette di sintetizzare le informazioni chiave quantitative e qualitative in merito al vostro settore ed ecosistema di attività: clienti diretti, clienti dei clienti, canali di distribuzione, concorrenti diretti, concorrenti indiretti e sostituti, potenziali entranti, *complementors*, fornitori, influenzatori ovvero istituzioni di riferimento del settore (associazioni di categoria, riviste, eventi ecc.).

- SEGRETO n. 19: la scelta di stare in, entrare in o uscire da un settore o un mercato è la scelta di strategia aziendale più importante.

- SEGRETO n. 20: le rivoluzioni di mercato, le più grandi opportunità e minacce non arrivano più dal settore di attività come tradizionalmente concepito, ma dal suo esterno, in particolare dai potenziali entranti, dai concorrenti indiretti e dai sostituti.

- SEGRETO n. 21: non smettere mai di raccogliere le informazioni chiave riguardo i tuoi potenziali clienti, sia statistiche e quantitative, sia qualitative.

- SEGRETO n. 22: la tua priorità è capire quali sono i segmenti di mercato più redditizi: chi è potenzialmente interessato ai prodotti e ai servizi che offri ed è disposto a pagarti bene.

- SEGRETO n. 23: mettiti nei panni dei potenziali clienti e cerca di capire le loro esigenze. Quali sono i loro processi di acquisto? Come decidono cosa e da chi comprare?

- SEGRETO n. 24: impara a conoscere bene i tuoi concorrenti diretti; anche se i margini del settore sono bassi, il livello di competizione potrebbe essere minore di quello che credi: con strategie mirate è ancora possibile fare la differenza e uscire dalla guerra tra poveri.

- SEGRETO n. 25: lavorare insieme ai tuoi *complementors* può portare grandi opportunità.

- SEGRETO n. 26: non sottovalutare i tuoi fornitori, cerca delle soluzioni e delle collaborazioni win–win per migliorare il valore dei servizi e prodotti forniti e abbattere insieme i costi.

- SEGRETO n. 27: è importante monitorare costantemente gli influenzatori e costruire relazioni durature con loro.

- SEGRETO n. 28: fare l'Analisi di Mercato Visuale™ è il primo passo per iniziare a ragionare strategicamente sul business dell'azienda.

- SEGRETO n. 29: per capire le dinamiche di cambiamento del settore è utile capire come i "driver del cambiamento" stanno influendo e influiranno sul settore di attività; i "driver del cambiamento" sono, principalmente: tecnologia, cultura, leggi, ambiente e risorse naturali, demografia, cicli economici, geopolitica.

- SEGRETO n. 30: concentrati sui cambiamenti più probabili che la tecnologia porterà nel settore e nella definizione stessa del settore.

Dai siti www.revoluzioneaziendale.it e www.analisi-mercato-visuale.it potrai scaricare i modelli di documento e le guide per realizzare in autonomia l'Analisi di Mercato Visuale™ e altre risorse aggiuntive.

Capitolo 3:
[R]-Evoluzione Strategica
I mercati internazionali

Perché è importante essere presenti sui mercati internazionali?

3.1 Il mercato italiano è morto in mezzo al boom economico

Abbiamo già detto che la crisi in realtà non esiste. È il mercato interno italiano a essere morto. I veri dati economici dicono chiaramente che, a livello mondiale, gli ultimi quindici anni sono stati di grande crescita economica e non di crisi. Il mondo sta vivendo uno dei più grandi boom economici che l'umanità abbia mai visto, seppure con alti e bassi notevoli.

Ve le ricordate le immagini e i racconti del boom degli Sessanta in Italia? Ecco, immaginate il boom del miracolo italiano applicato a due miliardi di persone. Immaginate di avere ogni anno un nuovo mercato di sessanta milioni di persone disposte a comprare i prodotti italiani. Ogni anno un nuovo mercato grande come tutta l'Italia! Questo è quello che sta succedendo nella realtà. Ogni anno sessanta milioni di persone nel mondo entrano nella "fascia media" di reddito (sopra i 10.000 dollari), quella potenzialmente in grado di iniziare a comprare i prodotti del Made in Italy.

Questi nuovi potenziali acquirenti di Made in Italy *non* vivono nelle nazioni tradizionalmente destinatarie del Made in Italy, cioè Europa e Nord America. Il dato di fatto è che la ricchezza e il potere geopolitico si sono spostati da Occidente verso Oriente. Chi ha i soldi non sono più europei e nordamericani, ma asiatici, arabi e, in modo graduale, anche africani.

SEGRETO n. 31: il mondo sta vivendo un boom economico simile a quello dell'Italia degli anni Sessanta; ogni anno nel mondo si crea un nuovo mercato di potenziali clienti del Made in Italy grande come tutta l'Italia: sessanta milioni di persone.

L'unica via per rilanciare il business e l'economia italiana è essere più internazionali. Molto di più. Esportare di più, essere più presenti nelle filiere globalizzate. Come mai la Germania è economicamente così forte e l'Italia così debole? La risposta è complessa, ma due semplici dati esprimono la maggior parte delle differenze.

In Germania l'export conta per quasi il 60% del PIL, in Italia solo per il 30%. La Germania ha quasi il 6% di quota di mercato nei paesi ad alta crescita (BRICS, Asia e Africa), l'Italia meno del 2%. L'export della Germania cresce molto di più di quello dell'Italia. Come ha fatto la Germania a raggiungere questo risultato? Lo ha pianificato venti anni prima. Ma oggi, con le nuove tecnologie, questo processo può essere immensamente più rapido.

SEGRETO n. 32: la principale forza della Germania è che è riuscita ad agganciare la crescita estera, soprattutto asiatica; la principale debolezza dell'Italia è che non ci è ancora riuscita.

3.2 Sai che l'Italia potrebbe essere la nazione più ricca del mondo?

Il mondo ha una fame incredibile di Made in Italy, ma le aziende italiane non riescono a saziarla. Se ci riuscissero, la crisi non esisterebbe e l'Italia potrebbe forse essere il paese più ricco del mondo. Non ci credi? Proviamo a comparare quattro semplici statistiche che mettono in luce il potenziale del Made in Italy non utilizzato.

1) Il valore dei prodotti che imitano il made Made in Italy venduti nel mondo è stimato essere almeno tre volte il valore dei prodotti originali Made in Italy venduti. Prova a immaginare se, di colpo o gradualmente, tutte le imitazioni del Made in Italy fossero sostituite con prodotti Made in Italy originali. L'Italia raddoppierebbe il PIL e sarebbe tra le nazioni più ricche del mondo.

2) I flussi di import-export sono cresciuti in media del 9% all'anno. Anche per le nazioni i cui prodotti sono molto meno richiesti di quelli italiani.

3) Le ricerche su Google di prodotti Made in Italy crescono del 15% all'anno. In Asia crescono più del 20% all'anno. Se ipoteticamente le aziende italiane riuscissero a convertire in vendite anche solo metà dell'incremento delle ricerche su Google

o metà dell'incremento dell'import-export, le vendite estere crescerebbero almeno tra il 5% e il 7% all'anno.

Qui si gioca il futuro delle aziende italiane e dell'economia in generale. Per fortuna molte aziende italiane si stanno sempre più alleando tra di loro per conquistare i mercati internazionali. Nel momento in cui scrivo, è stato siglato un accordo epocale per la distribuzione di vino italiano in Cina, con piattaforme di distribuzione sia online sia offline, per sfondare in un mercato enorme.

SEGRETO n. 33: i dati dicono che il mondo ha una grande fame di Made in Italy, ma le aziende italiane non riescono a raggiungere i potenziali clienti.

Vendere all'estero è tutt'altro che facile. L'improvvisazione che ha funzionato per tanti anni, in Italia e anche all'estero, non è assolutamente più concessa. Sono necessarie strategie specifiche per mercato e per settore. È necessario adattare i prodotti e i servizi al mercato.

Tuttavia oggi, con i nuovi strumenti tecnologici e le piattaforme di vendita online, è possibile vendere all'estero in maniera molto più semplice di prima. Il grande operatore Alibaba, leader di mercato nelle vendite Business to Business vuole promuovere maggiormente il Made in Italy, e così gli altri operatori.

SEGRETO n. 34: per affrontare i mercati internazionali non è possibile improvvisare, bisogna avere strategie precise e adeguate; oggi è possibile vendere all'estero tramite piattaforme online.

I pregiudizi che limitano nella vita personale sono gli stessi che limitano nel business. Il primo passo per affrontare i mercati internazionali è essere un po' più internazionali, frequentare persone da tutto il mondo. Hai bisogno di capire che ci sono modi di vedere, di essere, di vivere, di lavorare completamente diversi a quelli a cui sei abituato. Esistono associazioni e network che ti permettono di incontrare professionisti e imprenditori da tutto il mondo in maniera molto economica e informale, come Internations e Junior Chamber International.

Se hai meno di 30 o 35 anni – a maggior ragione se studi ancora all'università – ti consiglio vivamente di frequentare associazioni internazionali come: ELSA (per i giuristi), BEST (per ingegneri) AISEC (per economisti), AEGEE (per tutte le facoltà). Ho avuto modo di lavorare intensamente con ciascuna di queste realtà, organizzando eventi e progetti ad alto impatto. Quando vai in vacanza all'estero cerca di vivere come vivono le persone del posto. Prova a farti ospitare in una casa e a ospitare in casa tua stranieri tramite la piattaforma Couchsurfing.

SEGRETO n. 35: per affrontare i mercati internazionali, come prima cosa diventa più internazionale frequentando persone e professionisti da tutto il mondo.

RIEPILOGO DEL CAPITOLO 3:

- SEGRETO n. 31: il mondo sta vivendo un boom economico simile a quello dell'Italia degli anni Sessanta; ogni anno nel mondo si crea un nuovo mercato di potenziali clienti del Made in Italy grande come tutta l'Italia: sessanta milioni di persone.

- SEGRETO n. 32: la principale forza della Germania è che è riuscita ad agganciare la crescita estera, soprattutto asiatica; la principale debolezza dell'Italia è che non ci è ancora riuscita.

- SEGRETO n. 33: i dati dicono che il mondo ha una grande fame di Made in Italy, ma le aziende italiane non riescono a raggiungere i potenziali clienti.

- SEGRETO n. 34: per affrontare i mercati internazionali non è possibile improvvisare, bisogna avere strategie precise e adeguate; oggi è possibile vendere all'estero tramite piattaforme online.

- SEGRETO n. 35: per affrontare i mercati internazionali, come prima cosa diventa più internazionale frequentando persone e professionisti da tutto il mondo.

Capitolo 4:
[R]-Evoluzione Strategica
La trasformazione digitale

4.1 Cavalca la piattaforma vincente!

La trasformazione digitale sta cambiando le regole del gioco in ogni settore economico, in tutto il mondo, portando opportunità enormi e minacce altrettanto enormi. Come si può beneficiare della trasformazione digitale e non esserne travolti?

Prova a pensare ad Airbnb e alle piattaforme analoghe che stanno rivoluzionando il modo in cui si cerca alloggio per vacanze e soggiorni, brevi o lunghi, dando la possibilità a chi ha una camera vuota di realizzare delle discrete entrate aggiuntive.

Prova a pensare ad Huber, che offre la possibilità di utilizzare un servizio simile a quello dei taxi tramite una app. Prova a pensare a Just Eat e alle piattaforme simili come Foodora e Deliveroo, che permettono di selezionare decine di ristoranti dai quali farsi portare i pasti a domicilio. Prova a pensare a Groupon. Prova a pensare a Booking, TripAdvisor, ai siti di ricerca per viaggi e voli aerei. Prova a pensare ad Amazon, dal quale hai scaricato questo testo. Prova a pensare a Ebay, a Google, a Facebook.

Prova a pensare a che impatto enorme hanno avuto e avranno sempre di più nella vita di miliardi di persone. Cosa hanno in comune tutte queste aziende? Sono delle piattaforme, dei market place. Di base non producono quasi nulla, "semplicemente" mettono in contatto i potenziali acquirenti con i potenziali venditori usando nuove modalità mai sperimentate prima.

Hanno dis-intermediato interi settori economici spazzando via i vecchi intermediari e sostituendosi a loro. Pensa alle agenzie turistiche: internet le ha spazzate via. Pensa ai rivenditori di musica, spazzati via prima dagli MP3 e dalla pirateria, successivamente dall'acquisto diretto di musica in app, trasformando il settore della musica e della discografia per sempre.

La dis-intermediazione portata dalla trasformazione digitale impatta su tutti i settori e su tutte le aziende. La tecnologia di per sé non porta cambiamenti enormi. I cambiamenti enormi sono portati dai nuovi Business Model, i modelli di business che la tecnologia rende possibili.

Il cambiamento portato dalla trasformazione digitale viene qualificato come *distruptive*. In inglese suona molto "figo", ma il suo significato vero, soprattutto tradotto in italiano, lo è molto meno: cambiamento "dirompente", senza regole, che agisce come un terremoto. Addirittura, sul dizionario inglese leggo "antisociale". Uno dei prossimi settori a essere sconvolto sarà quello dei servizi finanziari e bancari che sono, per definizione, intermediari.

SEGRETO n. 36: il cambiamento dirompente non è causato dalla tecnologia in sé, ma dai nuovi Business Model che la tecnologia rende possibili.

In che maniera la dis-intermediazione sta impattando e impatterà sul settore di attività e sull'azienda? Quali opportunità e quali minacce comporta? Vantaggi acquisiti e rendite di posizione saranno gradualmente smantellati. Un tempo un professionista studiava e faceva pratica per anni, poi si faceva poco a poco il suo giro di clienti e infine campava più o meno di rendita fino alla pensione. Ora questo è impensabile. Ora le stesse informazioni, strumenti e servizi, che prima erano appannaggio di professionisti pagati con parcelle notevoli, sono disponibili gratuitamente, o per poche decine di euro, online. La rivoluzione digitale pone sullo stesso piano aziende consolidate da centinaia di anni e startup di ventenni. Mette sullo stesso piano multinazionali con budget miliardari e microaziende, i professionisti italiani e quelli indiani e ucraini, che spesso offrono servizi migliori a un decimo dei costi.

Giusto o sbagliato? Meglio o peggio? Dipende dai punti di vista. Dipende da come si utilizzano gli strumenti a disposizione. La trasformazione digitale esalta molti e spaventa a morte altri. Ora più che mai le micro-aziende italiane hanno la possibilità di prosperare grazie ai nuovi strumenti e strategie prima disponibili solo per le mega aziende.

4.2 Tutto il mondo a portata del tuo click
Quali opportunità offre la trasformazione digitale alle aziende?

Moltissime. Puoi vendere in tutto il mondo senza avere agenti e distributori, con piattaforme come Amazon, Ebay, Alibaba e molte altre più specializzate. Io stesso ho contribuito alla realizzazione di una piattaforma di vendita di prodotti fashion Made in Italy in Arabia Saudita.

Con il marketing online, puoi acquisire clienti sotto casa o da tutto il mondo. Con i social media, puoi attirare frotte di nuovi clienti. Puoi accedere a servizi altamente specializzati a un decimo di quello che ti costerebbe il professionista sotto casa, tramite piattaforme come Fiverr. Puoi affidare ad altri lo svolgimento di molte attività senza assumere dipendenti, usando piattaforme come Upwork. Puoi fare partire business virtualmente, senza dipendenti e senza capitale. Puoi lavorare virtualmente su ogni mercato internazionale vivendo in qualsiasi parte del mondo. Puoi acquisire per poche decine di euro un corso online per apprendere competenze manageriali avanzate, per le quali prima era necessario spendere migliaia di euro.

"Il mondo è piatto". Tutto è a portata di mano. Ma è necessario sapere cosa fare di tutte queste enormi potenzialità. Anche per questo la mentalità è diventata tanto importante. Più del capitale, delle relazioni e degli anni di esperienza sul mercato. La mentalità necessaria per imparare a usare con efficacia i nuovi strumenti disponibili. Come prima cosa è necessario esercitarsi a vedere le potenzialità e le opportunità che la trasformazione digitale può offrire. Si può iniziare a usare le piattaforme per ridurre i costi, per arrotondare i fatturati e, soprattutto, per esercitarsi a capire le nuove logiche.

SEGRETO n. 37: per scoprire le opportunità della trasformazione digitale, il primo passo consiste nello sperimentare le piattaforme e gli strumenti per ridurre i costi, arrotondare i fatturati e, soprattutto, sperimentare le nuove dinamiche.

Nel prossimo capitolo utilizzeremo alcuni degli strumenti delle startup di maggiore successo per sviluppare le opportunità.

RIEPILOGO DEL CAPITOLO 4:

- SEGRETO n. 36: il cambiamento dirompente non è causato dalla tecnologia in sé, ma dai nuovi Business Model che la tecnologia rende possibili.

- SEGRETO n. 37: per scoprire le opportunità della trasformazione digitale, il primo passo consiste nello sperimentare le piattaforme e gli strumenti per ridurre i costi, arrotondare i fatturati e, soprattutto, sperimentare le nuove dinamiche.

Capitolo 5:
[R]-Evoluzione Strategica
Come sviluppare le migliori opportunità

Come si possono individuare le migliori opportunità? Com'è possibile individuare le minacce e proteggersi? Come si può trasformare un'opportunità in un servizio, un business, un'azienda? Esiste un metodo per progettare il sistema azienda da un punto di vista strategico? In questo capitolo iniziamo a lavorare velocemente e in maniera pratica su questi aspetti, utilizzando gli strumenti standard internazionali.

5.1 Le tue quattro opzioni strategiche

Il problema di quasi tutte le aziende italiane è che sono strutturate in modo "anti-business", fin dalle basi, e ragionano al contrario: partono dai prodotti e servizi che già erogano e si chiedono come fare a venderli. Approccio utile nel breve termine, ma fallimentare nel lungo termine! L'effetto è che i prodotti e i servizi, e quindi l'azienda, non sono progettati sulla base delle vere esigenze dei clienti. L'unico approccio che può funzionare per sopravvivere e

105

prosperare è chiedersi quali sono le reali esigenze del mercato e dei clienti e poi progettare i prodotti, i servizi, la Value Proposition e l'intera azienda attorno alle esigenze reali dei clienti.

SEGRETO n. 38: i prodotti, i servizi, la Value Proposition e l'intera azienda devono essere progettati attorno alle reali esigenze dei clienti.

Adesso vediamo da dove iniziare. Prendi l'Analisi di Mercato Visuale™, che contiene le informazioni chiave del mercato e del tuo settore di attività, e chiediti:

- Quali sono le opportunità presenti e future?
- Quali sono le minacce presenti e future?
- Quali direzioni di evoluzione strategica sono possibili per cavalcare le migliori opportunità e proteggersi dalle minacce?

Nel guardare l'analisi di mercato, cerca di essere consapevole della mentalità che hai. Ricordati che la tua mentalità influisce su come guardi la realtà, su come decidi, su come agisci. Cerca di affrontare ogni cosa cambiando più volte punto di vista. In particolare, sforzati di vedere le cose come le vedono i tuoi clienti o potenziali tali, i tuoi concorrenti, i tuoi fornitori, i potenziali entranti.

Le possibilità di evoluzione strategica per aumentare i ricavi, diminuire i costi e aumentare i margini sono teoricamente moltissime. Le opzioni di sviluppo strategico più semplici, che possono essere applicate da tutte le aziende, di ogni dimensione e settore, sono fondamentalmente quattro:

1. Vendere gli attuali prodotti/servizi più o meno agli stessi target di clienti attuali, ma con strategie diverse e più efficaci.
2. Vendere prodotti/servizi diversi allo stesso target attuale.
3. Vendere gli stessi prodotti/servizi attuali a target diversi di persone/aziende, in Italia e all'estero.
4. Entrare in nuovi mercati e settori di attività: nuovi prodotti/servizi e nuovi clienti.

La sequenza non è casuale: devi iniziare dalla prima e, quando sei diventato bravo con quella, puoi passare alla seconda, poi alla terza e così via. Per affrontare il primo punto ti consiglio di avvalerti delle migliori strategie di marketing, di posizionamento e di mercato. Trovi molti strumenti tra i libri e i corsi proposti da Bruno Editore.

Aspetta a lanciarti a bomba nel realizzare le opportunità che vedi. Inizieresti a costruire una casa senza fare un progetto? Spero di no. Lo sviluppo del Business Model o modello di business è come il progetto che un geometra fa per una casa, prima di iniziare i lavori. Prima fai il progetto e poi inizi a costruire la casa. La buona notizia è che, a differenza che per le case, applicando gli strumenti di questo capitolo non devi progettare tutto nei minimi dettagli, ma puoi testare sul mercato quello che funziona.

Lo strumento più semplice, veloce ed efficace per iniziare a individuare le opportunità e le minacce è la "mitica" matrice SWOT di analisi strategica, utilizzata fin dagli anni Sessanta in tutto il mondo come base per l'analisi strategica, e ancora attuale. L'acronimo SWOT sta per: Strengths (punti di forza), Weakness (punti di debolezza), Opportunities (opportunità), Treaths (minacce).

Guarda l'Analisi di Mercato Visuale™, arricchita dalle

considerazioni sulla trasformazione digitale e sui mercati internazionali. In che maniera il cambiamento può portare delle opportunità? Quali opportunità vedi? Prova a fare un elenco. Prova a identificare le opportunità secondo le quattro opzioni strategiche descritte sopra. Per ognuna, cerca di capire il potenziale in termini di incremento di fatturato, di costi, di margine e di investimento. Metti in ordine di priorità per facilità di realizzazione e per impatto.

Poi fai l'elenco delle minacce. Quale sarà l'impatto dei cambiamenti sull'azienda e sul settore? Non ti spaventare, anche se scopri che il tuo settore sta per essere spazzato via. Molti cambiamenti impiegano mesi e anni prima di essere dirompenti. Cerca di mettere le minacce in ordine secondo l'intensità dell'impatto e la sequenza temporale con la quale avranno effetto. Come può fare l'azienda a proteggersi dalle minacce? Come può reagire, prepararsi per tempo? Quale posizionamento è vantaggioso adottare?

Ora vediamo all'interno dell'azienda. Rispetto alle situazioni attuali e future di mercato, alle opportunità e alle minacce, quali sono i punti di forza dell'azienda? Quali sono i punti di debolezza? Completa la matrice SWOT e mettila bene in evidenza in ufficio. Guardala spesso. Aggiornala. Falla evolvere.

SEGRETO n. 39: la matrice di analisi SWOT è molto utile per schematizzare opportunità, minacce, punti di forza e di debolezza.

5.2 Progetta il tuo Business Model

Ora cerchiamo di trasformare le opportunità generiche, le minacce generiche, i punti di forza e debolezza in idee di business, in opzioni strategiche reali, e di svilupparle in business concreto.

Il metodo più semplice ed efficace per trasformare generiche opportunità in business reale è utilizzare gli strumenti standard a livello internazionale: il "Business Model Canvas", e il "Value Proposition Canvas". Questi strumenti sono stati sviluppati da Alexander Ostenwalder in collaborazione con 470 professionisti di 45 diversi paesi per facilitare l'innovazione dei modelli di business aziendali.

Ho conosciuto questi strumenti pochi mesi dopo la pubblicazione dei primi articoli e libri internazionali, anni prima che questi strumenti fossero diffusi in Italia. Ero in Danimarca, ospite di un gruppo di giovani imprenditori sociali. Alcuni di loro stavano seguendo un programma pratico per imprenditori sociali presso la scuola di business Kaos Pilot. Nella scuola c'era un'enorme stanza tappezzata di poster, pieni di Post-it. Ciascun poster era la schematizzazione di un business, ovvero un Business Model, di un'impresa o servizio esistente o in fase di lancio. Ho passato molte ore in quella stanza, con i diversi team, per capire come progettare un servizio, un business, utilizzando questi strumenti semplici.

Il "Business Model Canvas", e il "Value Proposition Canvas" sono diventati lo standard per la gestione delle startup innovative e, gradualmente, anche per i business tradizionali. Li sto utilizzando anche in aziende "tradizionali" particolarmente ingessate come mentalità e, addirittura, nelle banche. Ormai anche le grandi aziende, le multinazionali e le banche iniziano a utilizzarli per promuovere l'innovazione.

Online puoi trovare molte informazioni su questi strumenti e anche scaricare i modelli da utilizzare. Questi strumenti, a differenza degli altri in questo libro, non sono registrati a mio nome, quindi li posso solo citare e descrivere. Riassumo qui solo alcune indicazioni essenziali per iniziarli a utilizzare.

SEGRETO n. 40: il metodo più semplice ed efficace per trasformare generiche opportunità in business reale è utilizzare gli strumenti standard a livello internazionale: il "Business Model Canvas" e il "Value Proposition Canvas".

Ogni opportunità di sviluppo o di posizionamento strategico parte dalle reali necessità dei clienti o dei potenziali clienti. Le evoluzioni strategiche devono basarsi su soluzioni che soddisfino le loro precise esigenze. La Value Proposition descrive come l'azienda soddisfa le necessità di clienti e potenziali clienti. Il prodotto/servizio venduto è solo una componente della Value Proposition, che include ogni aspetto che abbia valore per il cliente (termini di consegna, vantaggi, benefici, risparmi ecc.). I prodotti, i servizi e l'intera Value Proposition devono essere progettati sulla base delle esigenze dei clienti. Lo strumento migliore per trasformare le esigenze dei clienti in Value Proposition è il "Value Proposition Canvas".

Questo strumento visuale, molto semplice e intuitivo, ti aiuta a metterti nei panni dei clienti. Scarica da internet uno dei modelli disponibili sia gratuitamente sia a pagamento. Quando puoi, leggi le guide e i manuali esplicativi. Stampa in formato A4 o A3 il modello, prendi dei Post-it delle dimensioni adeguate e organizza una sessione di lavoro con i collaboratori a diretto contatto con i clienti e, possibilmente, direttamente con dei clienti.

Quali problemi ed esigenze hanno i clienti? Che tipo di attività svolgono per soddisfare queste esigenze e affrontare questi problemi? Quali sono i *pain*, i dolori acuti, le scocciature, le perdite di tempo che i clienti affrontano? Quali benefici aggiuntivi vorrebbero? Per ogni risposta, metti un Post-it sullo schema grafico. Le grandi rivoluzioni di business partono sempre rispondendo a queste semplici, banali domande. Non è mai la tecnologia da sola a stravolgere i settori, è l'innovazione dei Business Model basata su queste domande.

La verità è che i clienti sono mediamente molto insoddisfatti dei servizi esistenti, che comportano scocciature, burocrazia, complessità inutili. Le aziende che riescono a eliminare i problemi e le scocciature, e a dare dei vantaggi aggiuntivi, si stanno prendendo tutto il mercato, stanno uccidendo le aziende che operano da decenni e che continuano a fare le cose come prima.

Pensa alle scocciature che devi affrontare se vuoi acquistare qualcosa: informarti, cercare i rivenditori, andare fisicamente nei negozi, comparare prezzi e qualità, trasportare a casa... Immagina di avere appena comprato il tuo nuovo smartphone e di avere bisogno di una cover con caratteristiche specifiche, per esempio di pelle con la chiusura a libro, con il portacarte e lo spazio per mettere un vetro di protezione aggiuntivo e anche una pellicola protettiva avvolgente.

Hai tre opzioni. Opzione uno: accontentarti della prima soluzione che capita, magari molto costosa e non adatta al tuo caso. Opzione due: sprecare ore del tuo prezioso tempo per girare mezza città, con il rischio di non trovare quello che cerchi. Opzione tre: andare su Amazon, confrontare le cover da tutto il mondo e ricevere il prodotto il giorno dopo a casa. Qual è la più vantaggiosa, quella che comporta meno scocciature? Generalmente la terza.

Pensa alla Value Proposition di Amazon. Pensa all'acquisto con un click, che è uno dei brevetti più importanti dell'azienda. Pensa al servizio "Prime" di consegna in 24 ore. La Value Proposition di Amazon è rendere possibile acquistare velocemente qualsiasi tipo di prodotto e averlo consegnato in poche ore, senza muoversi da casa o dall'ufficio.

Amazon ha ridotto al minimo la distanza tra pensare a un acquisto e avere il prodotto a casa pronto per essere usato. Amazon non è solo un "negozio" online, fa parte del lavoro che dovresti fare tu per scegliere e trasportare il prodotto. Questa eliminazione delle scocciature legate all'acquisto è un enorme vantaggio per i clienti, sempre meno disposti a recarsi fisicamente nei negozi.

A meno che, per esempio, fare un bel giro di shopping non abbia il Value Proposition del divertimento, soprattutto nel settore dell'abbigliamento. A questo punto viene da chiedersi: qual è il

115

valore aggiunto che fa entrare la gente nel mio negozio? Quanto si trovano a loro agio? Che tipo di servizi personalizzati posso offrire (personal shopper, foto dei nuovi arrivi in esclusiva, sartoria dedicata ecc.)?

Ora concentrati sulla Value Proposition della tua azienda. Come si possono soddisfare i bisogni dei clienti o dei potenziali clienti? Di che cosa sono davvero insoddisfatti? Sii onesto: chiedilo direttamente a loro. Come si può fare a eliminare i loro *pain*, le scocciature? Quali vantaggi aggiuntivi puoi offrire? Come si possono ridurre drasticamente gli ostacoli tra il momento in cui nasce la necessità di acquistare e l'atto dell'acquisto dei tuoi prodotti e servizi?

E ora, come ultima domanda: quali servizi e prodotti puoi offrire? Nota che è solo l'ultima domanda di una lunga serie, non la prima. Applica prima questo strumento ai clienti generici e potenziali tali. Poi individua i segmenti specifici di clienti e potenziali clienti e ripeti l'esercizio. Appendi al muro gli schemi con i relativi Post-it.

SEGRETO n. 41: puoi usare il "Value Proposition Canvas" per capire meglio le esigenze dei clienti e per costruire la Value Proposition vincente per ciascun segmento di clienti.

Finora hai lavorato sulle esigenze dei clienti e sulla Value Proposition. Adesso è necessario progettare consapevolmente il Business Model attorno alla Value Proposition, il sistema di business o il sistema azienda. Il migliore strumento che conosco per progettare il Business Model è il "Business Model Canvas" che, di fatto, è una rappresentazione sintetica del sistema azienda, del quale la Value Proposition, il prodotto/ servizio venduto, è solo una delle nove componenti.

Il "Business Model Canvas" è composto da nove elementi: segmenti di clienti, Value Proposition, canali di distribuzione, modalità di relazione con i clienti, ricavi, risorse chiave, attività chiave, partnership, costi. Scarica uno dei modelli di "Business Model Canvas", stampalo in formato A3 e prepara Post-it a volontà. Organizza una sessione di lavoro con i collaboratori aziendali dei reparti chiave. Costruite assieme il Business Model secondo le indicazioni che potete trovare sui libri acquistabili online. Lavora sul "Business Model Canvas": stai di fatto progettando il sistema di business da un punto di vista strategico.

SEGRETO n. 42: puoi progettare il sistema di business, ovvero il modello di business, con lo strumento del "Business Model Canvas", che rappresenta visualmente nove componenti: segmenti di clienti, Value Proposition, canali di distribuzione, modalità di relazione con i clienti, ricavi, risorse chiave, attività chiave, partnership, costi.

Il Business Model sviluppato deve tradursi il prima possibile in un prototipo da far testare ad alcuni clienti selezionati. A seconda dell'esito dei test, il modello di business può e deve essere migliorato e fatto evolvere. Con questi strumenti non è più necessario spendere mesi per redigere un business plan prima di cominciare ad agire e a sperimentare le opportunità di mercato, come prescrivevano le vecchie prassi manageriali, per altro mai veramente idonee per le PMI italiane. Dopo un po' di test sul mercato reale si può sviluppare e realizzare su larga scala la versione di Business Model che funziona meglio.

SEGRETO n. 43: una volta sviluppato il modello di business è necessario fare dei test sul mercato e operare i cambiamenti sulla base dei feedback; quando il Business Model funziona, si può realizzare su larga scala.

L'utilizzo degli strumenti Lean Startup di fatto è un metodo per sistematizzare in maniera ragionata il "provare sul campo". Questi strumenti sarebbero perfetti per le PMI italiane. La maggiore difficoltà nella gestione aziendale sta nella realizzazione della strategia, più che nella sua definizione, tramite progetti di evoluzione aziendale. È più efficace una strategia mediocre eseguita con eccellenza di una strategia perfetta eseguita con mediocrità.

Nei capitoli successivi troverai le indicazioni per evitare errori organizzativi in azienda e per aumentare drasticamente la probabilità di successo dei progetti di evoluzione aziendale.

RIEPILOGO DEL CAPITOLO 5:

- SEGRETO n. 38: i prodotti, i servizi, la Value Proposition e l'intera azienda devono essere progettati attorno alle reali esigenze dei clienti.

- SEGRETO n. 39: la matrice di analisi SWOT è molto utile per schematizzare opportunità, minacce, punti di forza e di debolezza.

- SEGRETO n. 40: il metodo più semplice ed efficace per trasformare generiche opportunità in business reale è utilizzare gli strumenti standard a livello internazionale: il "Business Model Canvas" e il "Value Proposition Canvas".

- SEGRETO n. 41: puoi usare il "Value Proposition Canvas" per capire meglio le esigenze dei clienti e per costruire la Value Proposition vincente per ciascun segmento di clienti.

- SEGRETO n. 42: puoi progettare il sistema di business, ovvero il modello di business, con lo strumento del "Business Model Canvas", che rappresenta visualmente nove componenti: segmenti di clienti, Value Proposition, canali di distribuzione, modalità di relazione con i clienti, ricavi, risorse chiave, attività chiave, partnership, costi.

- SEGRETO n. 43: una volta sviluppato il modello di business è necessario fare dei test sul mercato e operare i cambiamenti sulla base dei feedback; quando il Business Model funziona, si può realizzare su larga scala.

Puoi scaricare la matrice SWOT e altre risorse dal sito www.revoluzioneaziendale.it. Gli strumenti "Business Model Canvas" e "Value Proposition Canvas" sono scaricabili presso i siti dei detentori dei diritti intellettuali.

Capitolo 6:
[R]-Evoluzione Organizzativa
Come progettare un'azienda efficiente

Come si può migliorare l'efficienza dell'azienda? Come si fa per migliorare i risultati economici, aumentare il fatturato, diminuire i costi e aumentare l'utile? Quali sono i requisiti minimi per la sopravvivenza e il buon funzionamento di un'azienda? Quali sono le basi solide per il successo di un'azienda, per la sua evoluzione e crescita? Come fa l'imprenditore a delegare quasi completamente le quotidiane attività di gestione aziendale? Come possono fare imprenditori e manager per lavorare *sul* sistema azienda anziché solo *nel* sistema azienda? Le risposte a tutte queste domande si trovano tutte nei metodi di organizzazione aziendale.

6.1 I cinque elementi dell'organizzazione aziendale

Alla base del corretto funzionamento dell'azienda vi è la sua organizzazione. L'organizzazione di un'azienda rappresenta il modo in cui funziona la "macchina", il sistema azienda. Per farla funzionare, è necessario che l'organizzazione aziendale sia progettata e fatta evolvere consapevolmente. I metodi di organizzazione aziendale possono essere utilizzati da imprenditori, manager e investitori per lavorare *sul* sistema azienda e migliorare in modo sensibile i risultati.

SEGRETO n. 44: l'organizzazione aziendale è alla base del buon funzionamento dell'azienda; i metodi di organizzazione aziendale possono essere utilizzati da imprenditori, manager e investitori per lavorare *sul* sistema azienda e migliorare sensibilmente i risultati.

L'organizzazione aziendale e la gestione del cambiamento aziendale sono la mia passione, la mia specializzazione e la mia professione principale da venti anni. A diciassette anni, durante l'estate che precedette l'inizio dell'università, decisi che sarei diventato un esperto di organizzazione aziendale. Fin da bambino mi ha sempre affascinato il "come" vengono fatte le cose, quali sono i processi, le procedure, i metodi replicabili per ottenere determinati risultati. La pratica degli sport agonistici mi ha abituato a ragionare in termini di metodi di allenamento fisico e mentale. Perché un metodo rende il risultato più prevedibile e gestibile, e l'organizzazione aziendale è proprio questo: un metodo replicabile per ottenere in modo sistematico risultati predefiniti. Applicando certi metodi, si ottengono certi risultati. Non applicando consapevolmente dei metodi, si rischia di non essere in grado di raggiungere, mantenere nel tempo e migliorare certi risultati.

Un metodo di gestione aziendale deve rendere facilmente replicabile lo svolgimento delle attività e il raggiungimento di risultati a prescindere dalle persone che svolgono quelle attività. Com'è ovvio, collaboratori differenti, a seconda del proprio talento, esperienza e impegno, otterranno risultati e produttività differenti. Il punto è che persone diverse, a parità di talento, esperienze e impegno, dovrebbero, grazie al metodo di organizzazione aziendale, ottenere risultati molto simili.

SEGRETO n. 45: l'organizzazione aziendale è un metodo replicabile per ottenere sistematicamente risultati predefiniti, a prescindere dalle persone.

Il talento delle persone deve essere impiegato non solo nello svolgimento delle attività, nel sistema azienda, ma anche e soprattutto per lavorare al suo mantenimento e miglioramento. Lo svolgimento delle attività ripetitive è la parte a più basso valore aggiunto, anche perché la maggior parte di queste attività è automatizzabile e dovrebbero essere automatizzate.

SEGRETO n. 46: il talento delle persone deve essere impiegato prima di tutto per lavorare *sul* sistema azienda.

Non esiste un unico metodo organizzativo che vada bene per ogni azienda, un'unica ricetta per l'organizzazione aziendale di successo. Per decenni gli studiosi di organizzazione del lavoro hanno cercato la "ricetta magica" applicabile a tutte le organizzazioni, per poi scoprire che non esiste e che non può esistere. La ricetta, il metodo specifico, l'organizzazione aziendale efficace, è qualcosa che varia in base a molteplici fattori e che, soprattutto, varia nel tempo. Per questo è necessario aggiornare almeno ogni anno le componenti base dell'organizzazione aziendale.

125

SEGRETO n. 47: l'organizzazione aziendale e i suoi elementi devono essere aggiornati costantemente.

Se è vero che non esistono "ricette magiche", è anche vero che esistono dei principi e degli strumenti base che possono essere applicati a tutte le aziende. Ho letto centinaia di libri sull'organizzazione aziendale, ma non sono pratici abbastanza per essere direttamente applicati da tutti. Sono destinati più a consulenti, manager di realtà complesse, accademici, studenti. E soprattutto non riportano gli strumenti pratici direttamente utilizzabili. Gli strumenti utili per lavorare *sul* sistema azienda devono essere visuali, pratici, intuitivi, editabili, direttamente utilizzabili con istruzioni minime da ogni persona che contribuisce al successo dell'azienda. Altrimenti diventa troppo complicato applicarli in autonomia e si ha bisogno di un consulente aziendale, che costa parecchio.

SEGRETO n. 48: gli strumenti per gestire e migliorare il sistema azienda e l'organizzazione aziendale devono essere semplici, visuali, direttamente utilizzabili da tutti.

126

Vediamo come puoi iniziare a migliorare nella pratica l'organizzazione dell'azienda, lavorando sugli elementi chiave dell'organizzazione, che sono gli ingredienti base della "ricetta" dell'organizzazione aziendale efficace.

I cinque elementi dell'organizzazione aziendale sono:

1. i sei ruoli aziendali chiave;
2. i quattro processi aziendali chiave;
3. l'organigramma e la struttura organizzativa aziendale;
4. i software gestionali e l'infrastruttura informatica;
5. le procedure aziendali.

SEGRETO n. 49: gli elementi base dell'organizzazione di ogni azienda sono cinque: 1) i sei ruoli aziendali chiave; 2) i quattro processi aziendali chiave; 3) l'organigramma e la struttura aziendale; 4) i software gestionali; 5) le procedure aziendali.

Quali caratteristiche ha una ricetta? Deve essere scritta. Qual è il primo segreto di un metodo efficace di organizzazione aziendale? Deve essere scritto. Tutti gli aspetti dell'organizzazione aziendale "non esistono" finché non sono scritti, formalizzati e condivisi con i collaboratori. Tutto ciò che è solo nella testa delle persone non è per definizione un metodo, non vi è certezza che sia replicabile sistematicamente da persone diverse. Se non scrivi e non condividi i metodi di gestione aziendale, l'organigramma, i processi e le procedure, stai buttando via come minimo il 10-20% dell'utile, stai impedendo all'azienda di crescere, la stai condannando a morire lentamente.

In Italia, a differenza che nel resto del mondo, sottovalutiamo molto l'importanza della formalizzazione scritta. Credimi, un giapponese, un tedesco, un cinese o un americano medio, senza delle istruzioni scritte passo per passo, non saprebbe nemmeno da che parte incominciare a lavorare. Diciamocelo: l'italiano medio è molto più sveglio. Un italiano si arrangia e lavora bene anche senza istruzioni scritte. Per questo sembra che le istruzioni scritte non siano necessarie.

Ma non deve diventare una scusa per non sfruttare gli enormi vantaggi che può offrire il fatto di scrivere sinteticamente quanto è utile. Ragiona: chi ha costruito le più grandi multinazionali al mondo? Semplificando: americani, giapponesi e tedeschi. Perché? Semplificando: perché hanno creato dei metodi aziendali che rendono le attività replicabili. E, prima di esser replicabili, devono essere scritte.

SEGRETO n. 50: tutti gli elementi del metodo di organizzazione aziendale devono essere scritti e condivisi.

6.2 Attribuisci i sei ruoli aziendali chiave

Alla base del funzionamento dell'azienda c'è un numero limitato di ruoli chiave che devono essere assegnati a delle persone effettivamente competenti nella materia e in grado di portare i risultati necessari. La scelta di manager chiave adeguati viene prima ancora della definizione dei processi e delle attività aziendali, perché sono i responsabili che definiranno e gestiranno tali processi.

In ogni azienda, i sei ruoli chiave che devono essere sempre presenti sono, in ordine di importanza:

1. il capo (Amministratore Delegato, Direttore Generale o altro titolo);

2. il Responsabile Marketing;

3. il Responsabile Finanziario;

4. il Responsabile Vendite;

5. il Responsabile Produzione (Operations);

6. il Responsabile Information Technology (IT).

SEGRETO n. 51: in ogni azienda i sei ruoli chiave che devono essere sempre presenti sono, in ordine di importanza: 1) il capo (Amministratore Delegato, Direttore Generale ecc.); 2) il Responsabile Marketing; 3) il Responsabile Finanziario; 4) il Responsabile Vendite; 5) il Responsabile Produzione (Operations); 6) il Responsabile Information Technology (IT).

Il capo

Il Direttore Generale, Amministratore Delegato, General Manager o altra denominazione, deve essere in grado di guidare l'azienda. Deve avere salde competenze manageriali di gestione di business e strategia, sviluppate al di fuori dell'azienda stessa, possibilmente a livello internazionale. Deve essere un leader. Se il capo non ha queste caratteristiche minime, difficilmente l'azienda riuscirà a crescere, a evolversi o anche solo a sopravvivere. Cosa fa l'AD o DG? Semplificando: definisce gli obiettivi economici con i proprietari dall'azienda, definisce con gli altri manager le strategie di business, guida tutta l'azienda nella realizzazione degli obiettivi. Dovendo sintetizzare, dovrebbe dedicare almeno metà del tempo allo sviluppo del business e alle attività di marketing, e almeno il 10% al monitoraggio della situazione economica e finanziaria.

Il Responsabile Marketing

È responsabile dei processi e delle promozioni del marketing. Il marketing ha l'obiettivo di individuare i clienti con i soldi interessati ad acquistare e predisporli al meglio per l'acquisto. Deve avere forti competenze sia nel marketing "tradizionale" sia nel marketing digitale.

Il Responsabile Finanziario

Ha la responsabilità dell'equilibrio finanziario dell'azienda, dei processi di controllo di gestione delle attività di contabilità e bilancio, di gestione della fiscalità e della tesoreria. Condivide la situazione finanziaria con gli altri responsabili almeno una volta al mese. Deve avere doti analitiche e strategiche molto spiccate.

Numeri e strategia, strategia e numeri: un binomio indissolubile, impossibile da scindere.

Il Responsabile Produzione (Operations)
È responsabile dei processi di produzione e di erogazione dei servizi ai clienti, dei quali deve essere un grande esperto. Può essere responsabile anche degli acquisti, della logistica e del controllo qualità, se strettamente correlati alle attività di Operations e se non sono attribuiti a specifici ruoli. Al di là della preparazione professionale, il responsabile di produzione è un profilo orientato ai dettagli, ai processi e all'efficienza; una mente un po' da ingegnere anche quando ingegnere non è.

Il Responsabile IT (Information Technology)
Ha il compito di assicurarsi che il sistema informativo e i software gestionali funzionino adeguatamente e di fare evolvere la tecnologia (e quindi l'azienda): applicare le nuove tecnologie digitali per trasformare le nuove opportunità in sviluppo di business.

È necessario pensare ai ruoli indipendentemente dalle persone che li rivestono. Se il capo (AD o DG) è l'imprenditore stesso, è bene che sia consapevole di quando agisce in qualità di imprenditore e quando invece in qualità di manager: sono due ruoli molto diversi. Sarebbe meglio che ciascun ruolo fosse ricoperto da una singola persona, ma spesso non è possibile. Quindi si possono attribuire diversi ruoli chiave a una stessa persona, facendo attenzione che la sovrapposizione funzioni.

SEGRETO n. 52: è necessario dividere i ruoli dalle persone che li ricoprono.

In tutto il mondo, le imprese famigliari, appena superata una dimensione minima, sono gestite prevalentemente, o addirittura quasi esclusivamente, da manager professionisti. In Italia sappiamo che non è così, ed è una delle cause principali di declino delle imprese e, quindi, del tessuto economico in generale.

L'imprenditore, i suoi famigliari, amici e parenti dovrebbero ricoprire i ruoli chiave solo ed esclusivamente se hanno davvero una competenza manageriale sufficiente, sviluppata al di fuori dell'azienda stessa o, quantomeno, dei percorsi di preparazione e aggiornamento. Fortunatamente le competenze si possono sviluppare con percorsi specifici al fuori del contesto aziendale e, possibilmente, in contesti internazionali.

SEGRETO n. 53: una delle principali cause di difficoltà delle imprese italiane è la scarsa presenza di manager preparati nelle imprese famigliari; per rivestire i ruoli aziendali chiave, i famigliari e lo stesso titolare devono avere una preparazione adeguata, sviluppata al di fuori dell'azienda.

Esercizio

Ciascun ruolo chiave è attribuito chiaramente a una persona? A chi? Quali sono i risultati? Le sue competenze sono adeguate? Come si possono migliorare le competenze? È necessario cambiare le persone?

6.3 Disegna i quattro processi aziendali chiave

Cosa sono i processi aziendali? Sono una sequenza di attività che produce dei risultati specifici e prevedibili. I processi sono il cuore dell'azienda, ciò che la fa funzionare ogni giorno, sono il sistema azienda, il "come" l'azienda opera quotidianamente. I processi possono essere trasversali alle strutture organizzative, devono essere misurabili in termini di tempi, risorse impiegate e risultati. Quando si dice che l'imprenditore e i manager devono lavorare "sull'azienda" e non "nell'azienda" si intende soprattutto che devono occuparsi di disegnare e fare evolvere adeguatamente i processi aziendali, oltre al Business Model e alla strategia.

I processi devono essere il più possibile lineari, semplici, veloci, automatizzati, snelli ("lean"), efficaci ed efficienti. Facile a dirsi, ma difficile a farsi: in realtà fare funzionare i processi in maniera snella non è immediato e richiede molto impegno, soprattutto quando i processi si sono stratificati per anni, o per decenni.

I quattro processi aziendali chiave sono, in ordine d'importanza:
1. Processi di marketing e vendita.
2. Processi di controllo di gestione, contabilità e gestione finanziaria.
3. Processi di produzione dei prodotti ed erogazione servizi (Operations).
4. Processi di supporto, variabili a seconda del settore di attività e delle dimensioni; i processi di supporto minimi da tenere in considerazione per tutte le aziende sono:

- legale;
- gestione delle risorse umane;
- IT (Information Techonology).

Quale dovrebbe essere la ripartizione dei costi tra i processi? La letteratura anglosassone riporta generalmente la seguente ripartizione dei costi:
- circa il 50% in marketing e vendite;
- circa il 10% nella gestione finanziaria (controllo di gestione, contabilità, gestione adempimenti fiscali);
- circa il 25% nella produzione;
- circa il 15% nei processi di supporto.

Riporto questa ripartizione perché è quella alla quale sarebbe utile tendere. La maggior parte delle PMI italiane ha difficoltà a raggiungere questa ripartizione ideale perché, a causa delle dimensioni minuscole, i costi dei processi di supporto, di produzione e di gestione finanziaria incidono molto di più. Il messaggio per la maggioranza delle imprese italiane è che, in generale, bisogna fare molta più attenzione al marketing e meno al prodotto in sé.

136

SEGRETO n. 54: i quattro processi aziendali chiave sono, in ordine di importanza; 1) marketing e vendita; 2) controllo di gestione; 3) produzione; 4) supporto (legale, IT, risorse umane e altro).

I **processi di marketing e vendita** sono il cuore pulsante dell'azienda, perché portano costantemente i soldi necessari alla sopravvivenza e allo sviluppo dell'azienda. Se questi processi funzionano male, l'azienda entra in affanno. I processi di marketing sono strettamente collegati alle esigenze dei clienti e alle loro abitudini di acquisto.

I processi di marketing hanno i seguenti obiettivi:

- Individuare i potenziali clienti che dispongono dei soldi necessari per acquistare i prodotti e i servizi venduti.
- Interessare i potenziali clienti e portarli a un primo acquisto di innesco.
- Trasformare i clienti acquisiti in clienti fidelizzati, possibilmente proponendo prodotti e servizi con ricavi e margine crescenti.

SEGRETO n. 55: i processi di marketing e vendita sono fondamentali perché portano i soldi all'azienda; consistono nell'individuare i potenziali clienti con i soldi, guidarli a un primo acquisto di innesco e trasformarli in clienti fidelizzati.

Gli strumenti migliori che conosco per progettare, gestire e fare evolvere i processi di marketing sono il Funnel di marketing e il ciclo di vendita.

Il *Funnel di marketing* è la strategia con la quale si trasforma un potenziale cliente in cliente affezionato e redditizio. Il "percorso" che il cliente fa è predeterminato in fasi sequenziali. La progettazione del Funnel di marketing è un aspetto strategico essenziale per il modello di business, da concepire con la Value Proposition. Circa il Funnel di marketing ti rimando ai libri di Giacomo Bruno sul tema, tra cui *Marketing formativo*.

Il *ciclo di vendita* è un concetto simile al Funnel ma più semplice da utilizzare, adatto a ogni situazione, che non richiede di mettere in discussione Value Proposition e strategia. Il ciclo di vendita è la sequenza dei passi necessari a concludere una vendita. Ciascun passo ha il solo scopo di portare a quello successivo con la maggiore percentuale di conversione possibile.

Per capirci meglio, faccio un esempio basato sulla "vecchia scuola" di vendita. Fino a qualche anno fa, uno dei modi per acquisire clienti consisteva nel fare delle chiamate telefoniche a freddo per fissare un appuntamento di vendita. Era un semplicissimo ciclo di vendita a due fasi. La prima fase, la chiamata, ha come unico obiettivo quello di fissare un appuntamento, nulla di più. La percentuale di conversione è data dalla percentuale di appuntamenti fissati sul numero di chiamate fatte. La seconda fase del ciclo di vendita è la visita, che ha l'obiettivo di chiudere il contratto. La percentuale di conversione della seconda fase è data dalla percentuale di contratti chiusi sul numero di appuntamenti.

Per avere più clienti, la maggior parte delle aziende agisce aumentando i numeri della prima fase del ciclo di vendita (nell'esempio, aumentare le chiamate a freddo), che però aumenta i costi senza migliorare l'efficacia e l'efficienza del processo.

Il modo per migliorare i processi di vendita e il ciclo di marketing è di aumentare i tassi di conversione da una fase a quella successiva. In questa maniera si possono migliorare gli incassi senza aumentare in proporzione i costi. Aumentare gli investimenti nella prima fase del ciclo di marketing (pubblicità, primi approcci ai clienti, numero di chiamate e freddo) è come mettere acqua in un secchio bucato. I potenziali clienti sono lì, ma non riesci a convertirli in clienti, escono dai buchi del secchio. Prima è meglio tappare i buchi nel secchio, non credi? Ovvero aumentare il tasso di conversione delle fasi del ciclo di vendita.

Esercizio

Per migliorare i risultati del ciclo di vendita attuale, identifica le fasi di vendita. Inizia a misurare le percentuali di conversione, poi identifica la fase più debole in termini di conversione, e migliorala finché anche il tasso di conversione migliora. Quindi passa alla seconda fase più debole e così via. Prova a variare il ciclo di vendita introducendo passaggi che facilitino la vendita finale: spesso aumentando il numero di fasi si ottengono risultati finali di vendita migliori, perché il potenziale cliente è più pronto

140

e predisposto a comprare. Solo quando hai migliorato il ciclo di vendita, potrai aumentare gli investimenti nella prima fase del ciclo. Puoi utilizzare i modelli di ciclo di vendita scaricabili per iniziare a migliorare i risultati di vendita

SEGRETO n. 56: gli strumenti migliori per migliorare i processi di marketing e vendita sono il Funnel di marketing e il ciclo di vendita.

Le **attività e i processi di gestione finanziaria** sono: il controllo di gestione, la gestione della tesoreria e dei flussi di cassa, la gestione degli adempimenti fiscali, la gestione delle banche, la gestione del ciclo attivo e della riscossione degli incassi.

Il **sistema di controllo di gestione** è essenziale e vitale per ogni azienda. Piloteresti un aereo senza la strumentazione di bordo? Guideresti un'auto senza cruscotto, senza contachilometri e spia del carburante? Ogni quanto tempo guardi il cruscotto quando guidi? Una volta l'anno o molto più spesso? Il controllo di gestione è come il cruscotto dell'auto o la strumentazione di bordo di un aereo: ti permette di capire in ogni istante la situazione, se tutto va bene, quanto carburante hai, in che direzione stai andando, a che altezza ti trovi, come tira il vento, come funziona il motore ecc.

Ogni sistema di controllo di gestione degno di questo nome deve essere in grado di fornire, almeno una volta al mese, le seguenti informazioni:

- il flusso di cassa netto generato nell'ultimo mese e quello prospettico per il mese successivo;
- la redditività di ogni prodotto/servizio o linea;
- la redditività di ogni cliente o segmento di clienti, inclusi i tempi medi di incasso effettivo;
- la situazione patrimoniale: capitale, situazione bancaria e debitoria;
- la ripartizione dei costi tra i vari processi aziendali;
- la situazione del ciclo di vendita.

Queste sono le indicazioni *minime* necessarie all'imprenditore e ai manager per avere la situazione sotto controllo e prendere le decisioni operative corrette per le settimane a venire. Il report di controllo di gestione deve essere preparato dal responsabile finanziario dell'azienda e discusso, almeno mensilmente, con il Direttore Generale e con i responsabili marketing, vendite e produzione, oltre che con l'imprenditore.

Il controllo di gestione *non* è delegabile interamente al commercialista di fiducia. Il processo di controllo di gestione è alimentato dai sistemi gestionali e dalla contabilità. Il controllo di gestione *non* è la contabilità. Le attività di contabilità e bilancio, adempimenti fiscali, gestione finanziaria e tesoreria, rapporti con le banche, gestione del ciclo attivo e riscossione dei crediti commerciali sono guidate dal responsabile finanziario. In Italia hanno una rilevanza vitale per il peso e la complessità che comportano. Ricorda però che, nel complesso, queste attività sono molto meno rilevanti e importanti rispetto al controllo di gestione.

SEGRETO n. 57: i processi di controllo di gestione permettono di monitorare e gestire costantemente la situazione finanziaria e sono alla base delle scelte aziendali.

I **processi di produzione (Operations)** sono le sequenze di attività necessarie a progettare, assemblare e costruire prodotti o erogare i servizi. Negli ultimi decenni, la tendenza è stata di esternalizzare e/o automatizzare i processi di produzione fisica, in quanto sono quelli a minore valore aggiunto. I processi di produzione possono includere gli acquisti, la logistica inbound e outbound, il controllo qualità, e altri. La sfida dei processi di produzione è ridurre costantemente i costi aumentando la qualità.

I **processi di supporto** sono quelli che supportano e rendono possibile lo svolgimento degli altri processi e l'esistenza dell'azienda. Comprendono la sequenza di attività nei campi:

1. Gestione delle risorse umane, paghe e contributi.
2. Legale.
3. Acquisti, logistica inbound e outbound, qualità (se non sono parte dei processi di produzione).
4. Adempimenti ai requisiti di legge e altre incombenze obbligatorie: sicurezza aziendale, privacy e tutti gli adempimenti burocratici in aggiunta a quelli fiscali (purtroppo queste attività sono in Italia molto più impegnative che in altre nazioni).

Esercizio

Fai l'elenco di tutti i processi e le attività di supporto, includendo tutti gli adempimenti obbligatori e burocratici.

6.4 Migliora i processi e l'efficienza

I processi di controllo di gestione danno le indicazioni circa le priorità di intervento e di miglioramento sugli altri processi. I processi di marketing e vendita generano ricavi, al netto dei costi.

I processi di produzione e di supporto generano costi. I processi sono migliorabili in termini di incremento dell'efficacia e dell'efficienza: diminuzione di costi, aumento di ricavi, velocizzazione dei tempi di lavorazione, miglioramento della qualità. Migliorando i processi è possibile ottenere dei drastici miglioramenti economici.

Esistono diversi metodi per gestire, monitorare e migliorare i processi aziendali: il miglioramento continuo, il Visual Management, il Business Process Reengineering (spesso associato al cambiamento di software gestionale), il Lean Six Sigma.

SEGRETO n. 58: il miglioramento dei processi può portare un drastico miglioramento dei risultati economici; esistono molti metodi per migliorare i processi.

I processi aziendali devono essere rappresentati graficamente, con delle mappature di processo. Solo visualizzando i flussi di attività è possibile fare dei miglioramenti. Ci sono molti metodi per mappare i processi. Quello che reputo più utile per tutte le realtà aziendali è il BPM, "Business Process Modeling", che rappresenta i processi con dei diagrammi di flusso in modalità codificate internazionalmente. Il diagramma di flusso del processo rappresenta graficamente, in maniera intuitiva: chi svolge le attività (righe o colonne del grafico), input e output del processo, attività svolte (rettangoli), sequenza di attività (frecce), decisioni (rombi). È più difficile da spiegare che da fare.

Esercizio

Scarica il tool di mappatura dei processi correlato al libro per sperimentare in prima persona il metodo di mappatura dei processi.

SEGRETO n. 59: per monitorare, gestire e migliorare un processo è necessario disegnare il suo digramma di flusso o "mappatura di processo".

6.5 Disegna la struttura organizzativa e l'organigramma

La struttura organizzativa aziendale definisce la ripartizione delle responsabilità e delle attività all'interno dell'azienda: il chi fa che cosa. Per fare funzionare al meglio l'azienda è necessario che ogni processo, attività e responsabilità sia chiaramente attribuito a un'unità organizzativa interna, a un ruolo e/o a una singola persona. Vale per ogni azienda di ogni dimensione. Vale anche per le attività svolte esternamente all'azienda.

L'organigramma è lo schema che permette di visualizzare la struttura aziendale e quindi la ripartizione delle responsabilità e delle attività. L'organigramma tipico è quello gerarchico, dove in alto sta il "capo", a riporto diretto gli altri cinque ruoli chiave e, sotto le unità, uffici e persone "a cascata".

È importante che l'organigramma, e quindi la struttura aziendale, sia comunicato con chiarezza a tutti collaboratori sia interni sia esterni all'azienda, con il livello di dettaglio e di confidenzialità adeguato.

Esercizio

Prenditi del tempo per aggiornare l'organigramma aziendale. Scarica il tool allegato al libro con i modelli e la guida. Attribuisci ogni attività e responsabilità a una struttura, ufficio o ruolo aziendale.

SEGRETO n. 60: l'organigramma visualizza la struttura organizzativa dell'azienda, attribuendo ogni responsabilità e attività a una struttura organizzativa, ufficio o persona.

Un ulteriore dettaglio di definizione della struttura organizzativa è la Job Description, vale a dire la descrizione particolareggiata di uno specifico ruolo all'interno di una singola unità organizzativa, indipendentemente dalla persona fisica che svolge quel ruolo. La Job Description consiste di fatto nel riportare tutte le caratteristiche del ruolo, le responsabilità, le attività e le competenze necessarie.

Esercizio

Scarica il modello di Job Description e prova a compilarlo per uno o più ruoli aziendali.

6.6 Gestisci i software gestionali

I software gestionali e l'infrastruttura informatica sono il "sistema nervoso" e allo stesso tempo "l'ossatura" dell'azienda. Sono il sistema nervoso perché trasportano e contengono tutte le informazioni necessarie per lo svolgimento dei processi e delle attività aziendali. Sono l'ossatura perché guidano, supportano, definiscono lo svolgimento di molti o di tutti i processi e le attività aziendali. O meglio: la maggior parte delle attività e dei processi aziendali dovrebbe essere supportata, guidata e definita dal software gestionale.

La decisione se utilizzare o non utilizzare un software gestionale, se servirsi di un software gestionale integrato o no, adatto o non adatto, possono fare una differenza enorme sull'efficienza dei processi e sui risultati aziendali.

149

Un software gestionale, soprattutto se integrato, permette di aumentare molto la produttività aziendale. Facilita la crescita dell'azienda, permette alle persone di focalizzarsi sulle attività a valore aggiunto anziché su quelle ripetitive, supporta il controllo di gestione, favorisce lo sviluppo internazionale e molto altro. Le scelte di adozione, cambiamento, evoluzione dei software gestionali sono tra le scelte aziendali più importanti, strategiche e costose. L'importanza dei software gestionali cresce con l'aumentare delle dimensioni aziendali, fino a definire l'identità operativa dell'azienda più delle persone che ci lavorano e della struttura organizzativa.

SEGRETO n. 61: le scelte di adozione, cambiamento ed evoluzione dei software gestionali sono tra quelle più importanti e strategiche perché influiscono molto sull'efficienza dei processi e sui risultati economici.

I sistemi gestionali integrati permettono di gestire i quattro gruppi di processi aziendali in un unico software, con flussi di processi integrati. Pertanto evitano le duplicazioni di avere uno o più software "a silos" per ogni processo o attività, con relativi disallineamenti, duplicazione di attività e difficoltà di coordinamento dei processi. I sistemi gestionali integrati tra i più diffusi sono SAP, per le grandi aziende, e Microsoft Dynamics, per le aziende medie e piccole.

L'utilizzo di un sistema software gestionale integrato può dare moltissimi vantaggi oltre che efficienza e controllo nei processi. L'adozione di un sistema gestionale integrato va valutata molto attentamente per evitare di ingessare le attività. Le modifiche e le evoluzioni nei software gestionali integrati possono essere molto costose.

SEGRETO n. 62: un sistema gestionale integrato come SAP, per le grandi aziende, e Microsoft Dynamics, per le PMI, può aumentare molto l'efficienza dei processi e dell'azienda.

Esistono delle metodologie specifiche per capire come scegliere, cambiare, fare evolvere e modificare un software gestionale, oltre che per favorirne il corretto utilizzo.

Come prima cosa è necessario avere ben chiari i cosiddetti

"requisiti funzionali", ovvero cosa deve fare il software, in termini di processi e delle singole attività che fanno parte dei processi. La definizione dei processi aziendali va di pari passo con la definizione dei requisiti funzionali del software gestionale.

SEGRETO n. 63: per scegliere, cambiare o modificare un software gestionale è necessario avere ben chiaro cosa deve fare (i requisiti funzionali) e come devono funzionare i processi.

È meglio utilizzare software gestionali specifici per ciascun settore di attività. I software gestionali validi devono includere le best practice aggiornate del settore di attività, ovvero i migliori modi di gestire i processi e le attività, basandosi sull'esperienza di migliaia di aziende del settore.

In Italia si tende molto ad adattare i software gestionali ai processi preesistenti, perpetrando le vecchie inefficienze e causando costi enormi per adattamenti e sviluppi. Spesso l'adozione dei software gestionali "standard", basati sulle best practice, permette di migliorare l'efficacia dei processi con costi ridotti.

SEGRETO n. 64: spesso è preferibile utilizzare dei software gestionali "standard" che includono le best practice specifiche del settore di attività.

6.7 Scrivi le procedure aziendali

Le procedure aziendali si basano sulla definizione accurata di come devono essere svolte sistematicamente le attività aziendali. In genere sono un semplice documento Word o Pdf che descrive, passo dopo passo, come svolgere le attività. Sono essenziali per la gestione dell'azienda.

Le procedure e i manuali operativi devono essere sicuramente redatti per due tipologie di attività:

- tutte le attività routinarie, che si compiono costantemente nell'azienda;
- le attività complesse o critiche che si svolgono raramente e per le quali è necessario seguire delle procedure precise per evitare problemi e rischi.

Il principio generale è che una persona che ha le competenze minime richieste per il compito può riuscire a svolgere l'attività semplicemente leggendo le procedure aziendali. Infatti la redazione delle procedure aziendali permette di:

- delegare quasi completamente le attività operative quotidiane ai collaboratori;

- facilitare miglioramenti nelle attività e nei processi aziendali;

- velocizzare la formazione dei nuovi collaboratori e la rotazione da un'attività all'altra;

- gestire le emergenze e l'assenza imprevista del personale (Business Continuity).

Nella redazione delle procedure e dei manuali operativi è necessario definire con chiarezza il livello di dettaglio utile. Troppi dettagli rendono i documenti difficili da utilizzare e da aggiornare. Dettagli non sufficienti rendono invece poco utili le procedure.

In generale si consiglia di avere sempre due versioni per ogni procedura aziendale:

- una versione sintetica, veloce e snella, con poche pagine e contenente solo le indicazioni fondamentali;

- una versione completa con tutti i passaggi dettagliati.

Le procedure aziendali andranno rese disponibili alle persone che svolgono le attività, a quelle che potrebbero sostituirle in caso di emergenza e ai responsabili. Alcune procedure potranno essere rese disponibili a tutti, altre invece riservate, o anche segrete.

Esercizio

Scarica il modello di procedura aziendale con la relativa spiegazione per redigerla.

SEGRETO n. 65: le procedure aziendali descrivono nei dettagli come svolgere le attività e sono essenziali per la gestione aziendale.

RIEPILOGO DEL CAPITOLO 6:

- SEGRETO n. 44: l'organizzazione aziendale è alla base del buon funzionamento dell'azienda; i metodi di organizzazione aziendale possono essere utilizzati da imprenditori, manager e investitori per lavorare *sul* sistema azienda e migliorare sensibilmente i risultati.

- SEGRETO n. 45: l'organizzazione aziendale è un metodo replicabile per ottenere sistematicamente risultati predefiniti, a prescindere dalle persone.

- SEGRETO n. 46: il talento delle persone deve essere impiegato prima di tutto per lavorare *sul* sistema azienda

- SEGRETO n. 47: l'organizzazione aziendale e i suoi elementi devono essere aggiornati costantemente.

- SEGRETO n. 48: gli strumenti per gestire e migliorare il sistema azienda e l'organizzazione aziendale devono essere semplici, visuali, direttamente utilizzabili da tutti.

- SEGRETO n. 49: gli elementi base dell'organizzazione di ogni azienda sono cinque: 1) i sei ruoli aziendali chiave; 2) i quattro processi aziendali chiave; 3) l'organigramma e la struttura aziendale; 4) i software gestionali; 5) le procedure aziendali.

- SEGRETO n. 50: tutti gli elementi del metodo di organizzazione aziendale devono essere scritti e condivisi.

- SEGRETO n. 51: in ogni azienda i sei ruoli chiave che devono essere sempre presenti sono, in ordine di importanza: 1) il capo (Amministratore Delegato, Direttore Generale ecc.); 2) il Responsabile Marketing; 3) il Responsabile Finanziario; 4) il Responsabile Vendite; 5) il Responsabile Produzione (Operations); 6) il Responsabile Information Technology (IT).

- SEGRETO n. 52: è necessario dividere i ruoli dalle persone che li ricoprono.

- SEGRETO n. 53: una delle principali cause di difficoltà delle imprese italiane è la scarsa presenza di manager preparati nelle imprese famigliari; per rivestire i ruoli aziendali chiave, i famigliari e lo stesso titolare devono avere una preparazione adeguata, sviluppata al di fuori dell'azienda.

- SEGRETO n. 54: i quattro processi aziendali chiave sono, in ordine di importanza; 1) marketing e vendita; 2) controllo di gestione; 3) produzione; 4) supporto (legale, IT, risorse umane e altro).

- SEGRETO n. 55: i processi di marketing e vendita sono fondamentali perché portano i soldi all'azienda; consistono nell'individuare i potenziali clienti con i soldi, guidarli a un primo acquisto di innesco e trasformarli in clienti fidelizzati.

- SEGRETO n. 56: gli strumenti migliori per migliorare i processi di marketing e vendita sono: il Funnel di marketing e il ciclo di vendita.

- SEGRETO n. 57: i processi di controllo di gestione permettono di monitorare e gestire costantemente la situazione finanziaria e sono alla base delle scelte aziendali.

- SEGRETO n. 58: il miglioramento dei processi può portare un drastico miglioramento dei risultati economici; esistono molti metodi per migliorare i processi.

- SEGRETO n. 59: per monitorare, gestire e migliorare un processo è necessario disegnare il suo digramma di flusso o "mappatura di processo".

- SEGRETO n. 60: l'organigramma visualizza la struttura organizzativa dell'azienda, attribuendo ogni responsabilità e attività a una struttura organizzativa, ufficio o persona.

- SEGRETO n. 61: le scelte di adozione, cambiamento ed evoluzione dei software gestionali sono tra quelle più importanti e strategiche perché influiscono molto sull'efficienza dei processi e sui risultati economici.

- SEGRETO n. 62: un sistema gestionale integrato come SAP, per le grandi aziende, e Microsoft Dynamics, per le PMI, può aumentare molto l'efficienza dei processi e dell'azienda.

- SEGRETO n. 63: per scegliere, cambiare o modificare un software gestionale è necessario avere ben chiaro cosa deve fare (i requisiti funzionali) e come devono funzionare i processi.

- SEGRETO n. 64: spesso è preferibile utilizzare dei software gestionali "standard" che includono le best practice specifiche del settore di attività.

- SEGRETO n. 65: le procedure aziendali descrivono nei dettagli come svolgere le attività e sono essenziali per la gestione aziendale.

Potrai trovare sul sito www.revoluzione-organizzativa.it i modelli di documento e le guide da utilizzare per applicare migliorare la progettazione dell'azienda.

Capitolo 7:
[R]-Evoluzione Organizzativa
Come realizzare i progetti di evoluzione

Come si può realizzare e guidare l'evoluzione aziendale? Come si possono concretizzare le opportunità di business? Come si può ridurre il rischio di fallimento dei progetti? Quali sono le fasi di un progetto di trasformazione aziendale? Quali sono i metodi per guidare con successo un progetto? Come si possono guidare i progetti in maniera più agile, snella e veloce?

7.1 I sette errori mortali da evitare
La parte più difficile della gestione aziendale è realizzare concretamente l'evoluzione desiderata e ottenere i benefici sperati stando nei tempi e budget stabiliti: fare funzionare le cose nella realtà e portare a casa i risultati economici.

L'evoluzione aziendale si realizza con progetti di trasformazione. In tutto il mondo, oltre il 70% dei progetti di trasformazione

160

aziendale, di sviluppo strategico e di cambiamento organizzativo fallisce o non porta i risultati sperati o, ancora, non viene eseguito nei tempi e budget fissati. E spesso produce costi aggiuntivi e frustrazione diffusa, anziché miglioramento.

Le migliori strategie di business, le opportunità di mercato più esaltanti, i miglioramenti di processo più notevoli, l'adozione dei migliori software e tecnologie, i sogni di molti imprenditori, e di altrettanti manager e collaboratori si scontrano contro questa dura realtà.

SEGRETO n. 66: l'evoluzione aziendale si realizza con dei progetti di trasformazione; il 70% dei progetti di evoluzione aziendale fallisce o non porta i risultati sperati nei tempi e budget previsti.

Alcuni esempi tipici di progetti di trasformazione aziendale:
- sviluppo e lancio di nuovi prodotti e servizi;
- apertura di nuovi mercati;
- apertura di nuovi canali di distribuzione;
- ridefinizione dei processi aziendali;

- adozione di un nuovo software gestionale integrato e cambiamento dei processi relativi; cambiamento della struttura organizzativa aziendale;

- acquisizione o vendita di un'impresa consociata o di un ramo di azienda;

- spostamento della produzione all'estero;

- esternalizzazione o internalizzazione di alcune attività.

Il successo di un progetto di evoluzione si misura con il miglioramento dei risultati economici dato dal cambiamento dei reali comportamenti dei collaboratori dell'azienda, dei clienti e dei fornitori. Non esiste una formula magica per realizzare con successo ogni progetto. Esistono però diversi metodi, strategie e strumenti che possono aumentare drasticamente le probabilità di successo. E, soprattutto, esistono degli errori che devi evitare.

Negli ultimi 15 anni la mia attività professionale prevalente è stata guidare progetti di evoluzione aziendale ad alto impatto. Ho avuto modo di toccare con mano quali sono le cause che portano quasi sicuramente un progetto al mancato successo, ovvero gli **errori che devi assolutamente evitare** in ogni caso:

1. obiettivi e perimetro non definiti chiaramente e correttamente;

2. governance non chiara;

3. sponsorship debole;

4. poco tempo e risorse dedicati dalle persone coinvolte;

5. lontananza tra chi prende le decisioni e la realtà operativa;

6. piano di azione incompleto o comunicato male;

7. gestione inadeguata delle resistenze al cambiamento.

SEGRETO n. 67: è possibile aumentare drasticamente la probabilità di successo dei progetti di evoluzione aziendale evitando alcuni errori e applicando i metodi efficaci.

7.2 Cos'è un progetto (e cosa *non* è)

I progetti di trasformazione aziendale sono orientati a portare lo *status quo* interno ed esterno dell'azienda dalla situazione di partenza (as-is) alla situazione desiderata (to-be).

Il progetto non consiste solo nel disegno della soluzione desiderata, ma anche nella pianificazione dell'esecuzione di tutte le azioni necessarie per rendere la soluzione desiderata una realtà tangibile. Al progetto contribuiscono i membri del team di progetto, di solito appartenenti a unità organizzative differenti, e che quindi prevalentemente fanno altro per la maggior parte del tempo. La struttura di progetto è "trasversale" alla struttura organizzativa e ha un tempo di vita limitato: cessa di esistere con la chiusura del progetto.

Chiariamo una cosa: un progetto *non* fa parte delle quotidiane attività di routine. Non fa parte dei processi aziendali. Un progetto lavora per definizione *sul* sistema azienda e non *nel* sistema azienda. Un progetto, per definizione, modifica i processi aziendali. Lo stesso termine "progetto" indica l'essenza della gestione dei progetti. Il termine "progetto" deriva dal latino e significa "proiettare". Ci si proietta nel risultato finale, si pianifica come ottenerlo e si agisce.

Gestire un progetto è come costruire una casa:

- Si analizzano le caratteristiche del terreno, le condizioni di partenza (analisi as-is).
- Si fa un disegno di come deve essere la casa, in base alle necessità di mercato o alle specifiche del committente (analisi to-be).

- Si predispone un piano di azione che le varie imprese appaltatrici e i professionisti devono seguire.
- Si vende la casa "sulla carta".
- Si coordina l'esecuzione dei lavori.
- Si consegna la casa.

In aggiunta, nei progetti di trasformazione aziendale, si supportano i nuovi abitanti della casa nel cambio di abitudini di vita, con attività di gestione del cambiamento. La gestione dei progetti aziendali è codificata da decenni in tutto il mondo con i metodi standard di Project Management.

In Italia si sottovaluta spesso l'importanza dell'analisi e della pianificazione: si tende a partire e ad agire senza un piano di azione definito, provando a "vedere come va". Questo approccio equivale a cercare di costruire una casa per tentativi, senza un progetto. Lo faresti? Spero di no.

In altre nazioni e culture invece si compie l'errore opposto: si analizza e si pianifica troppo, perciò i piani di esecuzione sono rigidi, lenti e non tengono in considerazione fattori difficili da prevedere *a priori*. In entrambi i casi, i progetti falliscono o non raggiungono i benefici sperati nei tempi e budget previsti.

SEGRETO n. 68: realizzare un progetto di trasformazione aziendale è come progettare e costruire una casa; è necessario fare un disegno esatto e un piano di azione specifico prima di iniziare a sviluppare la soluzione.

Ogni progetto di trasformazione ed evoluzione aziendale ha sempre due componenti importanti:

- La conduzione e la realizzazione del progetto, ovvero quali azioni compiere per fare accadere la trasformazione: la definizione e l'attuazione del piano di lavoro. Ha a che fare con la sequenza di fasi, attività, azioni necessarie per raggiungere gli obiettivi di progetto.

- La gestione del cambiamento, ovvero come fare sì che le persone effettivamente cambino comportamenti e abitudini. Ha a che fare con il superamento delle resistenze al cambiamento e con l'incanalamento di energie, emozioni, attenzione, tempo delle persone coinvolte nell'evoluzione aziendale. Le azioni di gestione del cambiamento rientrano nell'elenco di azioni del piano di lavoro.

I metodi di gestione del cambiamento sono codificati da pochi anni con il termine "Change Management".

SEGRETO n. 69: ogni progetto di trasformazione aziendale ha sempre due componenti: la realizzazione del progetto e la gestione del cambiamento.

7.3 Struttura le cinque fasi di ogni progetto

In questo capitolo vedremo le modalità di conduzione di un progetto. Nel capitolo successivo vedremo invece alcuni aspetti della gestione del cambiamento aziendale, per potere raggiungere i risultati desiderati.

In generale i progetti hanno cinque fasi:

1. Analisi di fattibilità o pre-studio, al fine di: valutare la convenienza del progetto e definire governance, obiettivi e pianificazione di massima.

2. Analisi, studio e progettazione: analisi della situazione iniziale (as-is), analisi dei requisiti e delle necessità, definizione della

soluzione desiderata e dei processi che la supportano (to-be), definizione del piano di azione dettagliato.

3. Esecuzione del progetto: sviluppo della soluzione desiderata e dei relativi processi, test in ambiente protetto, test in ambiente reale, predisposizione degli utilizzatori finali da cambiamento, lancio o go-live.

4. Stabilizzazione: il cambiamento diventa gradualmente routine, grazie alle azioni di gestione del cambiamento.

5. Chiusura del progetto: passaggio di consegne del know-how e dei documenti di progetto per facilitare la manutenzione e l'evoluzione della soluzione.

SEGRETO n. 70: i progetti hanno cinque fasi: 1) analisi di fattibilità o pre-studio; 2) analisi, studio e progettazione; 3) esecuzione; 4) stabilizzazione; 5) chiusura.

Ogni tipologia di progetto ha una serie di fasi, di attività, di problematiche, di metodologie tipiche.

È necessario studiare le procedure seguite in progetti analoghi che sono stati condotti con successo: modalità, fasi, strumenti, competenze.

SEGRETO n. 71: ogni tipologia di progetto ha delle caratteristiche specifiche che devi conoscere.

Per impostare, gestire, guidare un progetto, aumentando le probabilità di successo ed evitando gli errori più comuni, devi seguire cinque passi:

1. imposta la governance del progetto;
2. definisci gli obiettivi e la scheda progetto;
3. definisci e aggiorna costantemente la pianificazione di massima e il piano delle azioni dettagliato;
4. attua le azioni del piano nelle fasi di analisi, di esecuzione e di stabilizzazione;
5. chiudi il progetto.

Puoi scaricare dai siti di [R]-Evoluzione Aziendale™ i modelli di documento utili per la gestione efficace dei progetti, con relative guide dettagliate per ogni passaggio.

SEGRETO n. 72: per gestire un progetto, aumentando le

probabilità di successo ed evitando gli errori più comuni, devi seguire cinque passi: 1) imposta la governance del progetto; 2) definisci gli obiettivi e la scheda progetto; 3) definisci e aggiorna costantemente un piano di progetto efficace; 4) attua le azioni del piano nelle fasi di analisi, esecuzione e stabilizzazione; 5) chiudi il progetto.

La governance del progetto è il metodo applicato per guidare il progetto e prendere le decisioni. La governance di progetto include:

- La definizione del Project Manager, ovvero del responsabile del progetto.
- La definizione degli "sponsor", ovvero dei top manager che sono maggiormente interessati al successo del progetto e che reperiscono le risorse per la sua realizzazione.
- La definizione del comitato di progetto (Steering Committee), ovvero il gruppo di persone che prende le decisioni sul progetto.
- La definizione del team di progetto, ovvero il gruppo di persone che lavora ai vari aspetti della sua realizzazione.
- La definizione di come e quando prendere le decisioni chiave e di come e quando è necessario o utile fare delle riunioni di

aggiornamento e di decisione.

Esercizio

Scarica i modelli di documento e la guida dettagliata per definire la governance del progetto.

SEGRETO n. 73: per gestire con successo un progetto è necessario definire la governance, ovvero: il Project Manager, gli "sponsor", il comitato di progetto (Steering Committee), il team di progetto.

Ogni progetto deve avere una persona di rifermento che guida la sua realizzazione, un "capo progetto" o *Project Manager*. Il Project Manager può essere dedicato full-time o part-time all'esecuzione del progetto.

È un po' il "direttore d'orchestra" del progetto, non deve sapere suonare tutti gli strumenti, ma deve dettare il tempo e coordinare i vari strumenti.

Le attività e le responsabilità principali del Project Manager sono:

- definire, proporre e aggiornare il piano di progetto;
- guidare il team di progetto;
- assegnare le azioni alle persone del team;
- preparare la reportistica e la documentazione a supporto;
- organizzare e guidare le riunioni di progetto con il management, lo Steering Committee e il team di progetto;
- prendere quotidianamente le decisioni operative relative alle azioni di progetto;
- supportare nelle azioni i componenti del team di progetto;
- individuare le soluzioni ai problemi operativi che emergono via via.

SEGRETO n. 74: ogni progetto deve avere una persona di rifermento che guida la sua realizzazione, un "capo progetto" o Project Manager.

La **scheda di progetto** è la carta d'identità del progetto e, allo stesso tempo, una sorta di brochure di "vendita": deve rendere evidenti le motivazioni per realizzare il progetto, la situazione iniziale, i problemi e le esigenze, i risultati attesi, i vantaggi, i tempi e i costi, i rischi, il team di progetto, i principali obiettivi intermedi e le relative tempistiche.

Il tutto sintetizzato in una sola pagina, in una singola slide di Power Point. Disporre di una rappresentazione sintetica e visuale del progetto permette di comunicare meglio con tutte le persone interessate dal progetto.

Esercizio

Scarica i modelli di documento e la guida dettagliata per definire la scheda di progetto.

SEGRETO n. 75: la scheda di progetto riassume in una pagina gli obiettivi e tutte le informazioni importanti relative al progetto.

Per ogni progetto bisogna definire un piano di azione specifico. Per pianificare il progetto il Project Manager deve:

1. definire gli obiettivi intermedi o Milestone;
2. definire la pianificazione di massima (Macroplanning), che riassume in una pagina il piano di azione;
3. definire il piano di azione dettagliato;

4. aggiornare costantemente il piano di azione.

Per esempio, in un progetto di implementazione di un nuovo software gestionale per sostituire quello precedente, tipicamente i Milestone primari di progetto sono:

- analisi as-is dei processi, dell'architettura, delle funzionalità;
- analisi to-be per la definizione dei processi e dei requisiti funzionali del software;
- sviluppo o adattamento del software in base ai requisiti funzionali definiti;
- test delle funzionalità software da parte degli utenti (detti anche UAT, User Acceptance Test);
- formazione di tutti gli utilizzatori finali del software;
- migrazione dei dati dal vecchio software a quello nuovo;
- go-live del nuovo software e dei relativi processi, ovvero il momento critico di passaggio tecnico dall'utilizzo del vecchio software a quello nuovo;
- eventuale temporaneo utilizzo in parallelo dei due software, quello vecchio e quello nuovo, con relativo confronto dei risultati (talvolta detto "parallel run");
- stabilizzazione, ovvero il periodo di apprendimento e

assestamento durante il quale si fanno piccoli aggiustamenti alle funzionalità e ai processi e in cui gli utilizzatori diventano progressivamente più efficienti e veloci nello svolgimento delle attività;

• chiusura del progetto e passaggio di consegne.

Altro esempio: in caso di lancio sul mercato di un nuovo prodotto o servizio, i Milestone primari di progetto possono essere:

• analisi del mercato, delle esigenze dei clienti, della concorrenza e degli altri aspetti rilevanti;

• creazione di un prototipo da fare testare ai potenziali clienti;

• sviluppo del nuovo prodotto o servizio;

• eventuali ulteriori test di mercato, con relative promozioni;

• messa in produzione del prodotto o servizio: predisposizione della produzione o erogazione in scala;

• marketing e comunicazione pre-lancio, lancio del prodotto sul mercato;

• promozione e vendita;

• produzione o erogazione del servizio;

• chiusura del progetto di lancio e passaggio di consegne.

Di solito, nella fase di pre-studio si redigono la pianificazione di massima complessiva e il piano di azione dettagliato della fase di analisi, studio e progettazione. Durante o al termine della fase di analisi, studio e progettazione, si redige il piano di azione dettagliato per le successive fasi di esecuzione, stabilizzazione e chiusura del progetto.

Esercizio

Scarica i modelli di documento e la guida di dettaglio per definire gli obiettivi intermedi, la pianificazione di massima in una pagina e il piano di azione dettagliato.

SEGRETO n. 76: per definire il piano di azione del progetto il Project Manager deve individuare gli obiettivi intermedi, definire la pianificazione di massima in una pagina, definire il piano di azione dettagliato, aggiornare costantemente il piano di azione.

Il piano di azione, costantemente aggiornato, ti guida nella realizzazione del progetto nelle fasi di analisi, di esecuzione, di stabilizzazione e di chiusura del progetto. È spesso utile, talvolta necessario, organizzare riunioni periodiche con il team di progetto per verificare lo stato di avanzamento e prendere le decisioni operative, nonché riunioni periodiche con lo Steering Committee per prendere le decisioni importanti.

SEGRETO n. 77: il Project Manager organizza delle riunioni periodiche con il team di progetto e con lo Steering Committee per verificare lo stato di avanzamento del progetto e prendere le decisioni necessarie.

La **fase di analisi, studio o progettazione** è l'equivalente del progetto che l'architetto predispone per costruire una casa. Si studia la situazione esistente e si disegna la situazione futura, la soluzione da realizzare, assieme ai passi per realizzarla. La fase di analisi, studio e progettazione è quella più importante per la riuscita del progetto, più dell'esecuzione stessa. Durante la fase di esecuzione, infatti, si realizza "semplicemente" quanto progettato in precedenza e gli aggiustamenti spesso sono limitati.

Generalmente la fase di analisi, studio e progettazione comprende:

- Analisi as-is, analisi della situazione di partenza: dei problemi, del mercato, dei processi esistenti.

- Analisi delle necessità e dei requisiti degli utilizzatori finali della soluzione: analisi delle esigenze, dei comportamenti di utilizzo e di adozione. Traduzione delle necessità e dei requisiti dei beneficiari finali in "requisiti funzionali" del prodotto, della soluzione, dei processi e dei software gestionali.

- Definizione del to-be, progettazione della soluzione, sia verso gli utilizzatori sia dal punto di vista organizzativo interno: processi, software gestionale, struttura organizzativa, aspetti legali, logistici, finanziari e così via.

- Definizione del piano di azione dettagliato relativo alle fasi di esecuzione, stabilizzazione e chiusura.

Esistono molte metodologie per svolgere queste analisi, diverse a seconda del tipo di progetto e del contesto di business.

Esercizio

Scarica i modelli di documenti per svolgere le attività di analisi, con le relative guide sintetiche. Ricerca esempi di progetti di successo e ricava le indicazioni specifiche per l'ambito del progetto che vuoi realizzare.

SEGRETO n. 78: la fase di analisi, studio e progettazione è l'equivalente del progetto che l'architetto predispone per erigere una casa; è la fase più importante per la riuscita del progetto, più dell'esecuzione stessa.

La **fase di esecuzione del progetto** equivale alla costruzione della casa, seguendo il progetto dell'architetto e il piano di azione. Nella fase di esecuzione si svolgono tutte le azioni definite nella fase di studio, analisi e progettazione.

È necessario impostare il giusto ritmo e la velocità di esecuzione a seconda dei carichi di lavoro necessari per il progetto e della disponibilità effettiva delle persone coinvolte. Il Project Manager coordina le azioni di progetto e fa i continui aggiustamenti necessari.

Il piano di azione deve essere eseguito con il giusto equilibrio tra rigore e flessibilità e deve essere inoltre aggiornato continuamente e puntualmente verificato a seconda delle effettive difficoltà che si incontrano.

Tipicamente la fase di esecuzione del progetto è composta dalle seguenti fasi:

- Sviluppo della soluzione oggetto di cambiamento: nuovo prodotto o servizio, software gestionale, processo.
- Test in ambiente protetto, senza rischi. Si testa la soluzione con un gruppo di utilizzatori finali selezionati (la funzionalità software, il processo, il prototipo) e si ottiene feedback.
- Predisposizione degli utilizzatori finali e delle persone coinvolte dal cambiamento: redazione e consegna dei manuali operativi e dei documenti a supporto dei processi, formazione specifica del personale interno ed esterno, promozione e comunicazione, marketing pre-lancio.
- Eventuale test in ambiente non protetto. Si testa la soluzione con un esteso gruppo di utilizzatori finali svolgendo l'attività reale "in produzione" in scala limitata. Ovvero si lancia il prodotto o servizio sul mercato per vedere le reazioni.
- Lancio o go-live. Il cambiamento diventa la realtà.

SEGRETO n. 79: nella fase di esecuzione del progetto è

necessario impostare il giusto ritmo e la velocità di esecuzione in base ai carichi di lavoro necessari per il progetto e alla disponibilità effettiva delle persone coinvolte; il piano di azione deve essere eseguito con il giusto equilibrio di flessibilità e rigore.

La **fase di stabilizzazione** è quella in cui il cambiamento diventa la nuova routine. Può durare da qualche settimana a qualche mese. All'inizio il cambiamento alle persone coinvolte richiederà uno sforzo adattivo supplementare. Gradualmente la "curva di apprendimento", facilitata dalle azioni di gestione del cambiamento, porta alla diminuzione delle difficoltà iniziali. Le persone si abituano al nuovo modo di lavorare e lo sforzo si riduce. Durante la stabilizzazione è necessario mettere in conto una serie di piccoli miglioramenti da fare, la cui necessità emerge solo con la pratica quotidiana nella vita reale.

SEGRETO n. 80: la fase di stabilizzazione è importante per trasformare il cambiamento nella nuova routine e *status quo*.

La **fase di chiusura** del progetto avviene dopo la fase di stabilizzazione. È necessario impostare adeguatamente la chiusura per consentire la capitalizzazione del prezioso know-how sviluppato durante il progetto. Durante la realizzazione del progetto, infatti, spesso non si ha il tempo di documentare e formalizzare aspetti che saranno fondamentali per la manutenzione e il miglioramento dei prodotti, dei servizi, dei processi, dei software, dei macchinari e delle metodologie sviluppate.

È necessario pianificare del tempo specifico per scrivere le informazioni importanti finché sono chiare nella testa delle persone coinvolte nel progetto. Con la chiusura del progetto, tutte le azioni di miglioramento e risoluzione dei problemi rientrano nel "run" o nel "business as usual", al di fuori di perimetri progettuali.

Nella chiusura del progetto è necessario pianificare:

- l'archiviazione di tutta la documentazione di progetto, soprattutto dei requisiti funzionali e del disegno to-be;
- la redazione e la diffusione dei manuali di manutenzione tecnica di impianti, macchinari e software;
- la redazione dei processi di manutenzione e miglioramento dei processi, incluse le modalità di risoluzione dei problemi, e i

processi di "escalation" in caso di problemi irrisolti.

SEGRETO n. 81: un'adeguata chiusura di progetto, con passaggio di consegne del know-how sviluppato, può fare risparmiare molti sforzi e soldi nella manutenzione e nell'evoluzione della soluzione realizzata.

Chiaramente le indicazioni generali presentate vanno contestualizzate rispetto al progetto e alla realtà specifica. La gestione migliore dei progetti per un'azienda piccola – e sempre di più anche per le grandi aziende – è quella con la metodologia Agile. Fino a pochi anni fa, il progetto di sviluppo e lancio di un prodotto complesso come un frigorifero durava, in grandi aziende come la General Electric, molti mesi e spesso anni.

Si seguivano tutti i passi del progetto riportati nelle pagine precedenti (e in realtà molti altri) secondo uno schema sequenziale o "a cascata". Semplificando: si facevano tutte le analisi, poi tutta la progettazione nei minimi dettagli, poi tutto lo sviluppo del prodotto nei dettagli, con i vari prototipi, poi il lancio di mercato. Con il rischio che alla fine, dopo anni di lavoro e letteralmente miliardi di euro investiti, il prodotto non venisse comprato da nessuno. Come spesso succedeva. Tipicamente negli anni di sviluppo nessuno dei clienti finali aveva potuto testare il prodotto.

La stessa cosa valeva per i progetti di trasformazione interna, sviluppo software, implementazione di nuovi sistemi gestionali: si faceva il disegno to-be nei minimi dettagli, lo si testava nella sua interezza, poi lo si portava in produzione. Con il rischio che nei mesi di progetto le cose fossero cambiate così tanto che i requisiti erano ormai sorpassati.

Poiché i cambiamenti sono sempre più veloci, le grandi aziende hanno difficoltà a stare loro dietro. Contemporaneamente, startup nate dal nulla in pochi anni cambiano le regole del gioco di interi settori e nazioni (pensa a Google). In questi anni si sono venuti a creare degli strumenti e delle metodologie codificate e sperimentate per rendere la gestione dei progetti più veloce, agile e snella.

Per lo sviluppo software si è andato affermando il metodo Agile.

Per il lancio di nuovi business uno dei metodi di riferimento è il Lean Startup. La General Electric ha integrato il metodo Lean Startup nelle sue pratiche manageriali e nella gestione dei progetti, autodefinendosi "la più grande startup del mondo". Prima gli ingegneri della GE impiegavano due anni a sviluppare in ogni dettaglio un frigo. Adesso sono obbligati a presentare un prototipo a dei clienti finali in due settimane, prendere i loro feedback e lavorare a un nuovo prototipo da fare testare, finché il prototipo non risulta soddisfacente. Il concetto è che i prodotti e i servizi vanno concepiti assieme agli utilizzatori finali.

Se lavori in una PMI italiana o sei un imprenditore che è partito dal nulla, penserai: «Bella scoperta! C'è forse un altro modo di fare?» Be', per la maggioranza delle grandi aziende questo è un salto culturale enorme, un cambio di paradigma. Oggi le aziende piccolissime possono competere con le grandi aziende, grazie anche alle metodologie manageriali Lean. Nella pratica la **gestione Agile dei progetti** consiste nel gestire in maniera iterativa le fasi di analisi, sviluppo, esecuzione, test e messa in produzione. Si parte dagli elementi fondamentali e chiave, dai macrorequisiti. Poi si reitera il processo a livello di dettaglio ulteriore.

Quindi, per organizzare il progetto con metodologia Agile:

- Abbozza il disegno della soluzione to-be a grandi linee, senza entrare nei dettagli, e fai una prima pianificazione di massima complessiva. Ti serve per evitare di perderti pezzi importanti.
- Individua quali aspetti della soluzione sono fondamentali. Fai una pianificazione di massima e una pianificazione di dettaglio per gli aspetti fondamentali della soluzione.
- Realizza la soluzione con gli aspetti fondamentali, testala e poi modificala in base ai feedback.
- Quando la soluzione con gli aspetti fondamentali va bene, riparti a fare l'analisi, lo sviluppo e il test con le parti più di dettaglio della soluzione e prioritarie da realizzare.

SEGRETO n. 82: la gestione Agile dei progetti permette di testare velocemente le soluzioni sviluppate, riducendo rischi, costi e tempi di realizzazione.

RIEPILOGO DEL CAPITOLO 7:

- SEGRETO n. 66: l'evoluzione aziendale si realizza con dei progetti di trasformazione; il 70% dei progetti di evoluzione aziendale fallisce o non porta i risultati sperati nei tempi e budget previsti.

- SEGRETO n. 67: è possibile aumentare drasticamente la probabilità di successo dei progetti di evoluzione aziendale evitando alcuni errori e applicando i metodi efficaci.

- SEGRETO n. 68: realizzare un progetto di trasformazione aziendale è come progettare e costruire una casa: è necessario fare un disegno esatto e un piano di azione specifico prima di iniziare a sviluppare la soluzione.

- SEGRETO n. 69: ogni progetto di trasformazione aziendale ha sempre due componenti: la realizzazione del progetto e la gestione del cambiamento.

- SEGRETO n. 70: i progetti hanno cinque fasi: 1) analisi di fattibilità o pre-studio; 2) analisi, studio e progettazione; 3) esecuzione; 4) stabilizzazione; 5) chiusura.

- SEGRETO n. 71: ogni tipologia di progetto ha delle caratteristiche specifiche che devi conoscere.

- SEGRETO n. 72: per gestire un progetto, aumentando le

probabilità di successo ed evitando gli errori più comuni, devi seguire cinque passi: 1) imposta la governance del progetto; 2) definisci gli obiettivi e la scheda progetto; 3) definisci e aggiorna costantemente un piano di progetto efficace; 4) attua le azioni del piano nelle fasi di analisi, esecuzione e stabilizzazione; 5) chiudi il progetto.

- SEGRETO n. 73: per gestire con successo un progetto è necessario definire la governance, ovvero: il Project Manager, gli "sponsor", il comitato di progetto (Steering Committee), il team di progetto.

- SEGRETO n. 74: ogni progetto deve avere una persona di riferimento che guida la sua realizzazione, un "capo progetto" o Project Manager.

- SEGRETO n. 75: la scheda di progetto riassume in una pagina gli obiettivi e tutte le informazioni importanti relative al progetto.

- SEGRETO n. 76: per definire il piano di azione del progetto il Project Manager deve individuare gli obiettivi intermedi, definire la pianificazione di massima in una pagina, definire il piano di azione dettagliato, aggiornare costantemente il piano di azione.

- SEGRETO n. 77: il Project Manager organizza delle riunioni periodiche con il team di progetto e con lo Steering Committee per verificare lo stato di avanzamento del progetto e prendere le decisioni necessarie.

- SEGRETO n. 78: la fase di analisi, studio e progettazione è l'equivalente del progetto che l'architetto predispone per erigere una casa; è la fase più importante per la riuscita del progetto, più dell'esecuzione stessa.

- SEGRETO n. 79: nella fase di esecuzione del progetto è necessario impostare il giusto ritmo e la velocità di esecuzione in base ai carichi di lavoro necessari per il progetto e alla disponibilità effettiva delle persone coinvolte; il piano di azione deve essere eseguito con il giusto equilibrio di flessibilità e rigore.

- SEGRETO n. 80: la fase di stabilizzazione è importante per trasformare il cambiamento nella nuova routine e *status quo*.

- SEGRETO n. 81: un'adeguata chiusura di progetto, con passaggio di consegne del know-how sviluppato, può fare risparmiare molti sforzi e soldi nella manutenzione e nell'evoluzione della soluzione realizzata.

- SEGRETO n. 82: la gestione Agile dei progetti permette di

testare velocemente le soluzioni sviluppate, riducendo rischi, costi e tempi di realizzazione.

Potrai trovare sul sito www.revoluzione-organizzativa.it i modelli di documento e le guide da utilizzare per impostare al meglio i progetti di trasformazione aziendale.

Capitolo 8:
[R]-Evoluzione Organizzativa
Come superare le resistenze al cambiamento

Perché molti progetti non ottengono i benefici sperati, anche quando da un punto di vista tecnico sono un successo? Perché le persone oppongono così tanta resistenza al cambiamento?

Come si possono superare le resistenze al cambiamento?

8.1 Spezza l'inerzia

I risultati effettivi dei progetti di evoluzione dipendono dal cambiamento del comportamento reale delle persone. È infatti il comportamento reale delle persone che fa funzionare (o non funzionare) la migliore strategia, il migliore processo definito e realizzato. Se le persone interne o esterne all'azienda non cambiano il loro comportamento, i risultati effettivi del progetto possono essere molto ridotti o anche fallimentari. Le resistenze al cambiamento possono inficiare il successo del progetto.

191

La gestione del cambiamento è fondamentale per il successo dei progetti di trasformazione. Gestire il cambiamento nel contesto dei progetti di trasformazione significa accompagnare le persone coinvolte ad adottare le nuove abitudini richieste, superando le resistenze al cambiamento.

SEGRETO n. 83: la gestione del cambiamento è fondamentale per accompagnare le persone ad adottare nuove abitudini e comportamenti, superando le resistenze al cambiamento.

Le aziende, i processi e le persone sono "sistemi inerziali": tendono ad andare nella stessa direzione, alla stessa velocità, finché una forza agisce per far cambiare loro direzione. La gestione del cambiamento consiste in quelle azioni che possono fare cambiare la direzione del sistema inerziale. Ogni cambiamento deve superare la forza d'inerzia e le resistenze consapevoli e inconsapevoli.

Le resistenze consapevoli sono l'insieme delle obiezioni razionali che le persone possono opporre al cambiamento. Molte obiezioni apparentemente razionali si generano a partire dalle resistenze inconsapevoli, ossia l'insieme di abitudini radicate nel tempo in termini di paradigmi, modi di pensare e di agire. All'interno delle resistenze inconsapevoli rientrano le reazioni emotive e istintive che tendono a preservare lo *status quo*, indipendentemente dal fatto che sia funzionale o no.

SEGRETO n. 84: le resistenze al cambiamento sono obiezioni razionali o non razionali; molte obiezioni apparentemente razionali sono in realtà emotive e istintive e tendono a preservare lo *status quo*, indipendentemente dal fatto che sia funzionale o no.

Una delle principali (e giustificate) cause della resistenza al cambiamento in azienda è che, molto spesso, il cambiamento viene calato dall'alto, senza coinvolgere le persone che ne subiranno l'impatto fin dal principio. La gestione del cambiamento va impostata fin dall'inizio del progetto di trasformazione.

SEGRETO n. 85: una delle principali cause della resistenza al cambiamento in azienda è che il cambiamento viene calato

dall'alto senza coinvolgere le persone direttamente interessate; la gestione del cambiamento va impostata fin dall'inizio del progetto di trasformazione.

8.2 I tre principi di gestione del cambiamento

Una gestione del cambiamento efficace si deve basare sull'applicazione di tre principi.

Primo principio della gestione del cambiamento
Coinvolgere, fin dall'inizio del progetto, tutte le persone in qualche modo toccate dal cambiamento, all'interno dell'azienda e fuori. Ascoltare il loro punto di vista e integrare i requisiti emersi nel progetto stesso. Il cambiamento dovrebbe idealmente essere come un vestito su misura per ogni categoria di persona coinvolta.

Quanto più il cambiamento soddisfa le esigenze delle persone coinvolte, tanto più sarà facile che funzioni, per due ragioni:

- Si aumenta l'efficacia oggettiva della soluzione. Solo chi esegue tutti i giorni una certa attività sa cosa può funzionare e cosa no. Il management, il Project Manager, i consulenti non lo sanno. Spesso il cambiamento non funziona perché i diretti interessati non hanno avuto sufficiente voce in capitolo, non sono stati ascoltati abbastanza e quindi i dettagli delle soluzioni oggetto del cambiamento non sono funzionali.

- Si aumenta il consenso. Se le persone chiave sono chiamate a dare un contributo costruttivo al progetto, si sentiranno più partecipi al cambiamento e diventeranno più oggettive, più propositive e meno critiche.

Secondo principio della gestione del cambiamento

Le persone toccate dal cambiamento sono come i "clienti" del progetto: devono "comprare" di loro volontà il cambiamento. I vantaggi del cambiamento devono risultare per loro superiori a quelli del non cambiamento. Per questo è necessario spiegare apertamente e con trasparenza la necessità e gli obiettivi dell'evoluzione. È necessario presentare, dalla loro prospettiva, i vantaggi della trasformazione e i rischi e gli svantaggi del non agire. Molti cambiamenti non funzionano perché le ragioni e le decisioni sottostanti non sono mai state spiegate in modo appropriato.

Terzo principio della gestione del cambiamento

Accompagnare le persone fino all'acquisizione delle nuove

abitudini inconsapevoli. Un'azione svolta quotidianamente impiega 21 giorni per diventare un'abitudine inconsapevole. Se l'azione viene svolta più di rado, ci vorrà più tempo. All'interno del piano di gestione del cambiamento si dovranno organizzare sessioni di formazione tecnica, affiancamento, esercizi sul campo e assistenza per agevolare l'acquisizione delle nuove abitudini nel più breve tempo possibile.

SEGRETO n. 86: per gestire il cambiamento adotta sempre i tre principi: 1) coinvolgi e ascolta il punto di vista di tutte le categorie coinvolte dal cambiamento, fin dall'inizio del progetto; 2) spiega, dal punto di vista delle persone coinvolte, la necessità del cambiamento e i suoi vantaggi; 3) accompagna le persone fino all'acquisizione delle nuove abitudini inconsapevoli.

La gestione del cambiamento è tanto più difficile quanto più è grande e complessa l'azienda. Riporto di seguito un metodo in sei passi per impostare con successo la gestione del cambiamento in aziende e realtà particolarmente complesse.

Innanzi tutto individua i ruoli aziendali, le categorie di persone coinvolte dal cambiamento. Poi, per ciascuna categoria:

1. ascolta i diversi punti di vista sul progetto;

2. integra i requisiti raccolti nella soluzione da sviluppare;

3. individua i messaggi da comunicare, i mezzi e i tempi adeguati;

4. crea il percorso di apprendimento per trasformare il cambiamento nella nuova routine;

5. fornisci il supporto necessario da parte di esperti per risolvere problemi e difficoltà;

6. fai emergere eventuali necessità di aggiustamento dei processi.

RIEPILOGO DEL CAPITOLO 8:

- SEGRETO n. 83: la gestione del cambiamento è fondamentale per accompagnare le persone ad adottare nuove abitudini e comportamenti, superando le resistenze al cambiamento.

- SEGRETO n. 84: le resistenze al cambiamento sono obiezioni razionali o non razionali; molte obiezioni apparentemente razionali sono in realtà emotive e istintive e tendono a preservare lo *status quo*, indipendentemente dal fatto che sia funzionale o no.

- SEGRETO n. 85: una delle principali cause della resistenza al cambiamento in azienda è che il cambiamento viene calato dall'alto senza coinvolgere le persone direttamente interessate; la gestione del cambiamento va impostata fin dall'inizio del progetto di trasformazione.

- SEGRETO n. 86: per gestire il cambiamento adotta sempre i tre principi: 1) coinvolgi e ascolta il punto di vista di tutte le categorie coinvolte dal cambiamento, fin dall'inizio del progetto; 2) spiega, dal punto di vista delle persone coinvolte, la necessità del cambiamento e i suoi vantaggi; 3) accompagna le persone fino all'acquisizione delle nuove abitudini inconsapevoli.

Potrai trovare sul sito www.revoluzione-organizzativa.it i modelli di documento e le guide da utilizzare per impostare al meglio la gestione del cambiamento organizzativo, sia per piccole realtà che per organizzazioni complesse.

Conclusione

«Quello che facciamo in vita riecheggia nell'eternità» (dal film *Il Gladiatore*).

Siamo giunti alla conclusione di questo libro. Ti ringrazio di cuore per tutto il tempo e l'attenzione che hai dedicato a leggerlo. E (spero) ad applicarne i contenuti. Ti ringrazio per la tua apertura mentale.

Il mio augurio è che questo libro sia una parte o l'inizio di un percorso di evoluzione personale e aziendale che ti porti a soddisfazioni crescenti, non solo materiali.

Questo libro è un manuale pratico, non solo da leggere, ma soprattutto da utilizzare nel momento del bisogno. Da tenere sempre nel computer, o sulla libreria, pronto per essere utilizzato. Negli strumenti correlati, che puoi scaricare a parte, troverai i modelli di documento e le guide, passo per passo, per mettere in pratica da fin da subito quanto indicato nel libro, nella tua massima autonomia.

Nel libro ho sintetizzato solo alcuni e solo una parte degli strumenti del metodo [R]-Evoluzione Aziendale™ e dei relativi componenti dei metodi [R]-Evoluzione Mentale e Personale, [R]-Evoluzione Strategica e [R]-Evoluzione Organizzativa. Altrimenti mi sarebbero servite molte centinaia di pagine in più...

Potrai scegliere di approfondire gli argomenti e di avere ulteriore supporto con audiobook, videocorsi e corsi dal vivo. Per essere aggiornato sugli strumenti a tua disposizione puoi visitare principalmente i siti www.revoluzioneaziendale.com; www.revoluzionementale.it; www.analisimercatovisuale.it; www.revoluzione-organizzativa.it; www.andrearubesalbinati.com, oltre agli altri siti correlati e ai miei profili social (Facebook e LinkedIn principalmente). Tramite questi ultimi puoi anche farmi pervenire commenti, riflessioni, suggerimenti o feedback. Ti sarei molto grato se tu scrivessi una recensione del libro su Amazon.

Nei mesi di stesura del libro ho dedicato tutti i miei weekend e quasi tutte le mie sere (e, sopra ogni cosa, il mio impegno e la mia passione) per poterti offrire il massimo valore pratico nel minimo numero possibile di pagine. Per l'evoluzione tua e dell'azienda alla quale contribuisci. Spero di esserci riuscito.

Ho cercato di darti tutto ciò che possa permetterti di essere autonomo nel migliorare la situazione. Ora tocca a te. Non so se sei un imprenditore, un manager, un collaboratore, un professionista o un giovane appena entrato nel mondo del lavoro. So però che *tu* puoi fare la differenza. Nella tua vita. Nell'azienda. Nella società. In famiglia. Con le altre persone.

Non possiamo aspettarci o pretendere un miglioramento dall'esterno. Siamo noi a potere e dovere migliorare. A potere e dovere evolvere. Credo che ciascun essere umano nasca su questo magnifico pianeta con una o più "missioni" da compiere e da vivere. Non so quale sia la tua "missione", a volte non mi è molto chiara nemmeno la mia.

Ma una cosa è certa. Il mondo, l'Italia, le persone che ami, gli sconosciuti che incontri hanno bisogno di esempi positivi, di eccellenza, di luce, di speranza, di impegno, di apertura mentale, di entusiasmo, di energia. Hanno bisogno di te. Hanno bisogno di modi nuovi di affrontare i problemi, i mercati, i prodotti. Questo fa sicuramente parte della mia e della tua "missione".

Siamo tutti stufi della negatività, della "crisi" e della rassegnazione. Ma anche delle false promesse e delle illusioni. La nostra prima missione è «essere in prima persona il cambiamento che vogliamo vedere in questo mondo». Prima di tutto per noi stessi. E poi anche per gli altri.

Una candela da sola non può fare molta luce. Ma può accendere altre candele. E tante candele insieme possono fare tanta luce. Come sai, stiamo vivendo un momento di grandi cambiamenti. Ciascuno di noi in questo momento sta affrontando le sfide professionali, personali e famigliari più dure e importanti di sempre. Tutto si decide ora. Per questa ragione, l'impatto che possiamo avere non è mai stato così grande. Così prezioso.

Siamo a un punto di svolta. Le nuove pagine della nostra storia sono ancora bianche, tutte da scrivere. Le scelte, le azioni fatte adesso, scrivono le pagine e la direzione futura, forse per decenni. Siamo all'inferno, adesso. E ci possiamo rimanere, continuare a prendere cartellate mese dopo mese. Guardare la situazione peggiorare, crisi dopo crisi, fino alla fine. Oppure ci possiamo alzare e aprire insieme una nuova strada, una nuova era di prosperità condivisa e sostenibile.

Come possiamo cambiare direzione? Un passo alla volta. Una decisione per volta. Un'azione per volta. Prova a mettere una mano sul tuo cuore. Sentilo battere. Senti cosa è realmente importante per te. Guarda i sogni del passato, del presente e del futuro. Potrebbe sembrarci che i nostri sogni ci siano stati tolti ma, in realtà, se fossimo veramente sinceri con noi stessi, scopriremmo che la differenza tra i nostri sogni e la realtà è data solo dalle decisioni e dalle azioni che intraprendiamo.

E ci rendiamo conto che la vita è un gioco di scelte. In ogni decisione e azione scegliamo la nostra realtà presente e futura. Ogni giorno. Ogni minuto. Abbiamo la responsabilità di queste decisioni e di queste azioni. Perché ci rendiamo conto che la somma di tutte queste decisioni e azioni farà la differenza. La differenza tra il fallimento e il successo. Tra la povertà e la prosperità. Perfino tra la guerra e la pace.

Prova a immaginare cosa vuoi davvero per te e i tuoi cari fra un anno, cinque anni, dieci anni. Cosa fa la massima differenza per te adesso? Cosa puoi fare adesso? Ricorda, la vita è un gioco di scelte.

Dal profondo del cuore, ti dedico questa frase di Mahatma Gandhi: «Be the change you want to see in this world» [Sii il cambiamento che vuoi vedere in questo mondo].

A presto.
Andrea Rubes Albinati

Ringraziamenti

Ringrazio tantissimo Giacomo Bruno, Roberto Bizzarri e tutto lo staff della Bruno Editore per l'assistenza e l'impegno a rendere questo libro uno strumento che possa migliorare la vita delle persone. Ringrazio le persone, con le quali ho avuto l'onore di lavorare a stretto contatto, che hanno voluto supportarmi in questa mia nuova ennesima avventura lasciando le testimonianze che hai letto all'inizio del libro: Giuseppe Maffei, Andrei Andreev, Marco Postiglione, Imad El Kanj, Frédéric Barroyer, Jeanne Duvoux, Alberto Mosca, Raimondo Bruschi.

Ringrazio di cuore tutte le persone fantastiche con le quali ho condiviso un pezzo, breve o lungo, di questa meravigliosa strada chiamata vita. Tutte le persone e i professionisti che sono stati fonte di apprendimento e ispirazione. Ringrazio coloro che in certi momenti hanno avuto più fiducia in me di quanta ne avessi io stesso, soprattutto i miei allenatori sportivi e capi.

Il più grande ringraziamento va alla mia compagna di vita, Eleonora, che ha contribuito alla revisione del testo e che mi ha supportato (e sopportato) con grande pazienza e amore nei mesi di stesura del libro.

Libri consigliati

Per affrontare il cambiamento e fare evolvere la mentalità:

Spencer Johnson, *Chi ha spostato il mio formaggio?*

John P. Kotter, Holger Rathgeber, *Il nostro iceberg si sta sciogliendo.*

Stephen Covey, *The 7 habits of highly effective people.*

Per definire meglio il percorso di realizzazione professionale:

Richard Bolles, *What colour is your parachute, a practical manual for job-hunters & career-changers.*

Roger James Hamilton, *The Millionaire Master Plan.*

Stephen Covey, Jennifer Colosimo, *Great work great career.*

Per definire la strategia e sviluppare le migliori opportunità:

Chan Kim, Renée Mauborgne, *Strategia oceano blu.*

Eric Ries, *The Lean Startup.*

Alexander Osterwalder, *Business Model Generation: a Handbook for Visionaries, Game Changers, and Challengers.*

Giacomo Bruno, *Marketing formativo.*

Per gestire il cambiamento in organizzazioni complesse:

Peter Senge, *La quinta disciplina*.

In generale, i libri di John P. Kotter.

Manuali "classici" di gestione della strategia aziendale e analisi del settore, per organizzazioni complesse:

Michael Porter, *Competitive advantage*.

Michael Porter, *Competitive strategy*.

Robert Grant, *Contemporary strategy analysis*.

Adrian Ryans, Roger More, Donald Barclay, Terry Deutscher, *Winning market leadership, strategic market planning for technology driven businesses*.

Risorse

Sul sito www.revoluzioneaziendale.it e quelli correlati troverai tutti gli aggiornamenti sugli strumenti per applicare il metodo [R]-Evoluzione Aziendale™: modelli di documento e guide, video, videocorsi, corsi dal vivo.

In particolare:

- Sul sito www.revoluzionementale.it troverai i 10 passi del metodo [R]-Evoluzione Mentale e Personale e altri strumenti, metodi e risorse per affrontare il cambiamento e fare evolvere la mentalità.

- Sul sito www.analisimercatovisuale.it troverai i modelli di documento e le guide per fare l'Analisi di Mercato Visuale e per applicare il metodo [R]-Evoluzione Strategica.

- Sul sito www.revoluzione-organizzativa.it troverai i modelli di documento e le guide per progettare l'azienda, strutturare i progetti e gestire il cambiamento organizzativo.

- Sul sito www.andrearubesalbinati.com e sui miei profili

Facebook e Linkedin troverai ulteriori risorse per la gestione del cambiamento destinate a professionisti, PMI, banche e intermediari finanziari, giovani under 30.

www.ingramcontent.com/pod-product-compliance
Lightning Source LLC
Chambersburg PA
CBHW072307210326
41519CB00057B/3055